워킹 에세이

# 나는 걷고 생각하고 씁니다

워킹 에세이

# 나는
# 걷고 생각하고
# 씁니다

정선원 지음

오래 걸으며
천천히 바라본
이 도시의
조금 내밀한
풍경과 추억

prologue

## 기록은 기억을 선물합니다

흔히 시간이 지나면 글과 사진만이 남는다고들 합니다. 삶은 덧없이 흘러가고, 기억은 쉽게 잊힙니다. 그래서 기록은 단순한 흔적이 아니라, 우리의 이야기를 붙잡아 세상과 연결하는 중요한 도구라고 생각합니다.

어릴 적부터 저는 글을 쓰고 그림 그리는 것을 좋아했습니다. 공상을 즐겼고, 그 덕분에 게임을 만들거나 시를 쓰기도 했습니다.

대학 시절에 쓴 시 145편은 지금 보면 참 낯간지럽지만, 저의 젊음과 순수를 고스란히 담은 소중한 선물입니다. 온라인에 글을 쓰기 시작한 지 어느덧 4년이 지났습니다. 처음에는 '푸라이데이(Frithey, 금요일 그들만의 모임)'라는 소규모 비즈니스 살롱에서 만난 사람들의 이야기를 기록했지만, 남의 이야기를 공개하는 일은 생각보다 쉽지 않았습니다.

그래서 아직 발행하지 못한 적지 않은 글들이 온라인 저장소에 잠들어 있습니다.

걷기를 하면서 새롭게 글을 쓰기 시작했습니다. 걷는 동안 떠오르는 생각과 스쳐 지나가는 풍경, 그리고 낯선 장소에서의 경험이 하나의 글감으로 다가왔습니다. 그렇게 사진과 글로 일상을 기록하며, 삶을 재설계하는 시간이 주어졌습니다. 이 책은 단순한 걷기 운동이나 건강 이야기가 아닙니다. 걷기를 통해 제가 마주한 세상과 경험을 최대한 생생하게 공유하고자 했습니다.

이 책의 바탕은 우선 저 자신을 위한 기록이었지만, 독자 여러분께도 작은 공감과 행복이 되길 바랍니다.

우연히 시작했으나 어느새 지속하게 된, 미친 듯한 걷기 여정을 이제 하나하나 풀어놓으려 합니다. 이 책의 끝까지 함께 걸어주시기를 바랍니다. 감사합니다.

정선원(마포걷담) 올림

contents

prologue  기록은 기억을 선물합니다  04

**1년간 걷기에 미쳐보기로 했다**  011

**서울 이태원**  014
힙한 문화와 진중한 분위기가 공존하는 곳

**서울 후암동**  024
작고 소박한 동네에서의 보물찾기

**서울 역삼동**  034
결국 밥 한 그릇 먹으러 여기까지 왔지만, 그래도 행복한

**서울 필동**  044
서울 도심에서 찾은 둘레길과 냉면집

**서울 문래동**  052
철공소의 쇳밥과 예술가의 열정이 어우러졌을 때

### 경기도 구리                                          060
폭우 속 걷기를 만끽하며, 이후의 천국을 기대하며

### 서울 삼청동                                          070
친구를 만나러 가는 길, 성곽 아래 동네들을 지나며

### 경기도 부천                                          080
한길로 이어진 도로, 쓸쓸한 도시의 경계를 지나며

### 서울 북한산                                          090
생각과 풍경을 곱씹어보는 걷기의 즐거움,
거기에 핫플 방문까지

### 서울 봉천동                                          100
내 청춘의 기억, 이제는 마지막 의리처럼 간직할

### 서울 홍제천                                          112
누군가에겐 하천의 끝이지만, 누군가에겐 걷기의 시작인

### 경기도 광교 ①
남쪽으로 걷기, 내가 꼭 살아보고 싶은 곳으로 … 120

### 경기도 광교 ②
마라톤 코스보다 더 걸은 오늘, 가을의 초입에서 … 130

### 경기도 광교 ③
하루 10만 보를 걸으면 생기는 일 … 140

### 경기도 행주대교
청명한 가을 하늘 아래 아홉 개의 한강 다리를 지나며 … 150

### 서울 정릉동
1980년대 떡볶이 맛을 찾아 떠난 하루 … 156

### 서울 성수동
비 오는 요일에는 커피 한잔을 위한 걸음 … 168

### 경기도 부평
삶의 희로애락이 가득한 떡볶이를 먹으러 … 178

### 남한산성      190
남한산성은 남한산 꼭대기에 있었다

---

### 서울 북가좌동      204
걷고 싶지만, 떡볶이도 먹고 싶어

---

### 서촌한옥마을      216
느릿한 걸음으로 너른 등의 뒤를 따르다 보면 깨닫는 것

---

### 서울 가리봉동      228
내가 태어난 그곳에서 삶의 이정표를 찍어보다

---

### 서울 고덕동      242
꿈꿀 수 있었던 그곳으로

---

### 서울 일원동      258
눈을 초롱대던 그 꼬맹이 시절이 담긴

---

epilogue     그래서, 무엇이 바뀌었어?      272

1년간 걷기에 미쳐보기로 했다

누적 거리: 0km
누적 시간: 0시간 00분

'Like Crazy.'

걷기를 시작한 이유는 건강도, 다이어트도 아니었다. 그냥 우연히 '이대로 쭉 걸어볼까?' 하고 시작한 것이 그날 내 평생 가장 많이 걸은 하루가 되었다. 그리고 그것이 너무 좋았다. 이왕 이렇게 시작한 거, 계속 걸어보기로 했다. 그런데 정말 궁금했다.

'1년을 미친 듯이 걸으면,
나에게 어떤 변화가 올까?'

내 인생에서 '미친 듯이'라는 표현을 써가며 무언가를 해본 적이 있었던가? 돌이켜보면 열심히 일했고, 사랑도 했고, 재미있게 놀기도 했다. 하지만 어느 것도 '미친 듯이' 작정하고 해본 기억은 없었다.

처음부터 너무 많은 걸음을 걸었다. 발가락이 저리고, 발등이 시큰하고, 대퇴부 고관절이 땅겼다. 아내는 그만두라고 했다. '과유불급(過猶不及)'이라는 말을 하며 걱정 반, 잔소리 반이었다. 동료들과 지인들도 비슷했다. "그렇게 많이 걷다가는 무릎 나간다"는 말을 하며 걱정을 해줬다. 걱정이 고맙기도 했지만, 나는 스스로 괜찮다고 생각했다.

그러던 어느 날, 나는 하루 10만 보를 걸었다.

'하루 10만 보라니! 진짜 미쳤군.'

2023년 6월 6일, 3개월 전부터 시작한 걷기는 여전히 계속되고 있었다. 이왕 시작한 거, 내년 6월 6일까지 1년 동안 걸어보기로 했다. 나는 걷기 경로를 계획하며 새로운 동네를 탐방하거나 맛집과 커피집을 찾아다녔다. 걷는 동안 유튜브 방송을 듣고, 생각하고, 글을 썼다. 하루가 지나면 두세 개의 글감이 나왔다(나는 유튜브의 진정한 가치가 시청이 아닌 청취에 있다는 것을 이때 알았다).

걷기를 하며 깨달은 것 중 하나는 꾸준함이 주는 대단함이다. 직장 생활도 그랬다. 다른 곳으로 옮길 생각을 하지 않고 꾸준히 다녔더니, 한 직장에서 25년을 넘겼다. 걷고 생각하고 쓰는 이 순간들이 꾸준히 쌓인다면, 그것 또한 내 인생의 또 다른 금메달이 될 것 같았다.

그렇게 나는 1년간 걷기에 미쳐보기로 했다.

# ITAEWON SEOUL

서울 이태원

마포 > 효창동 > 삼각지 > 이태원 > 보광동 > 이촌동 > 용산역 > 마포로 이어지는

## 18.74km

힙한 문화와 진중한 분위기가
공존하는 곳

"집에만 있지 말고, 좀 나가지?"

아내가 눈을 흘기며 징그럽고 지긋지긋하다는 듯 한마디를 툭 던졌다. 싸늘한 말투였다. 예상은 했지만, 아무 말 없이 넘어가길 바랐다.

2023년 5월과 6월은 징검다리 휴일이 많았다. 별다른 계획이 없던 나는 휴일 내내 게임기에 붙잡혀 있었다. 공포 게임 두 개를 밤새도록 20시간과 17시간씩 내리 달렸다. 마치 넷플릭스 드라마를 몰아보듯 쌓여 있던 게임들을 끝내고 싶었다. 그리고 아내의 한마디에 결국 게임기를 내려놓았다.

"알았어! 같이 바람이나 쐬자고."

피곤한 몸을 이끌고 밖으로 나왔다. 목적지는 따로 없었다. 아내와 함께하는 산책이니까. 몇백 미터쯤 걸었을까? 아내가 힘들고 졸립다고 했다. 겨우 몇백 미터를 걷고는 먼저 들어가겠다고 했다. 그리고 나는 그길로 혼자 걷기 시작했다. 왜 그랬을까? 정말 찰나의 선택이었다. '그냥 걸을까?'라고 생각했던 순간이 지금 내 이야기가 되었다.


이태원을 가다


가벼운 반바지 차림에 책가방을 멨다. 여차하면 도서관이라도 가려던 차림이었다. 슬리퍼가 아니었던 게 다행이다. 발길이 닿는 대로 걸었다. 마포 공덕역에서 용마루고개를 넘어 효창공원앞역, 삼각지, 전쟁기념관 앞까지. 여기까지 오는 데만도 4~5km가 되었다. 다소 덥고 발목이 아팠지만 기분은 나쁘지 않았다. 계속 걷기로 했다.

이태원에 도착해선 주춤했다. '이태원이라니.' 2022년 10월 말, 핼러윈 참사 이후로는 처음이었다. 숙연한 동네가 되어버린 이태원을 다시 마주하게 될 줄은 몰랐다.

현장에 도착하니 마음이 가라앉았다. 좁은 골목을 바라보

용산 이태원으로 넘어가는 녹사평보도육교 아래로
남산타워가 보인다

며 생각했다. '어떻게 그런 일이 일어났을까?' 그냥 봐서는, 절대 참사가 일어날 장소 같지 않았다.

벽면을 가득 채운 포스트잇 메시지. 헌화. 자세히 읽거나 오래 볼 자신은 없었다. 조용히 고개를 숙이고 명복을 빌었다. 해밀톤호텔 옆 골목을 따라 위로 올라갔다. 몇몇 행인이 있었다. 어쩌면 다행이라는 생각이 들었다. 식당이 열려 있고 고소한 음식 냄새가 풍겨왔다. 예전 같지는 않지만, 조금씩 예전으로 돌아가려는 모습이 보였다. 이태원의 향기를 잃지 않았으면 좋겠다고 생각하며 계속 걸었다.

### 가깝지만 먼 사이, 이태원과 보광동

한쪽은 힙하고 자유롭다. 또 한쪽은 조용하고 진중하다. 해밀톤호텔 뒤쪽의 주택가를 보면 그 차이가 뚜렷하게 드러난다. 한쪽에서 보면 2층집인데, 반대편에서 보면 4층 건물인 고급 주택들이 즐비하다.

이태원 아래에서 남산 하얏트호텔까지 이어지는 언덕길에는 대사관과 대사관저가 곳곳에 보인다. 이 거리는 걸어 다니는 사람을 찾아보기 힘들 만큼 한적하다. 한남동 UN빌리지 골목과 닮은 풍경이다. 조용하고 정갈하지만 어딘가 삭막한 느낌도 있다. 고지대에 자리한 이 주택가는 비탈길 덕분에 홍수 피해와는 거리가 멀어 보인다. 그곳에 사는 사람들은 나와는 전혀 다른 삶을 사는 듯했다.

반면, 이태원 건너편 보광동은 완전히 다른 모습이다. 낮은 언덕에 낮은 집들이 다닥다닥 붙어 있다. 골목길에는 술집과 카페, 옛날 양옥집이 많다. 오래된 빌라가 대부분이지만, 그 안에는 각양각색의 외국인이 거주한다. 그들은 일하러 왔거나 공부하러 왔겠지만, 어느새 이태원 주민으로 우리 삶의 한 일원이 되었다. 그들의 힙한 문화와 부자 동네의 진중한 분위기가 공존하는 지역이 바로 이태원이다.

25년 전, 나는 용산구 내에 있는 여러 대사관저에서 근무한 적이 있다. 이태원과 보광동, 그리고 동빙고동과 한남동 곳곳에 자리한 대사관들의 경비를 맡으며 군 생활을 했었다. 그 시절, 이 지역 골목을 자주 오가며 익혔던 기억이 생생하다. 오랜만에 그 길을 걸으니 감회가 새로웠다.

### 이촌을 지나 용산으로, 행복한 첫걸음

이태원을 지나 보광동까지 걸었다. 그리고 강변북로를 따라 이촌으로 향했다. 보광동에서 이촌동으로 이어지는 길은 유동 인구가 많지 않은, 사실 굳이 걸어갈 이유가 없는 길이다. 용산가족공원을 처음으로 지나쳤고, 전에 자주 갔었던

저 좁은 골목에서 그 많은 사람이 목숨을 잃었다
호텔 벽 쪽으로 메시지가 가득했다

어느새 용산은 고급 고층 아파트가 잔뜩 들어섰다.
용산도 강남 못지않게 변해 있었다.

국립중앙박물관에도 오랜만에 들렀다. 관람이 목적은 아니었기에 대충 둘러보고 나왔다.

다리가 꽤나 아팠다. 첫 걷기에 10km를 넘게 걸었으니 발등도 놀랐을 법하다. 생채기도 없는데 이렇게 아픈 걸 보면 골절이라도 된 걸까? 혼자 웃으며 생각하다 보니 어느새 용산역에 도착했다.

용산역 인근은 요 몇 년 사이에 최첨단 지구로 변해 있었다. 마천루처럼 높이 솟은 고층 아파트가 줄지어 있고 앞으로도 더 많은 초고층 건물이 들어설 것 같았다.

용산역을 지나 한강대교 방향으로 걸었다. 이제 집까지 얼마 남지 않았다. 한강 변을 따라 마포역으로 마지막 힘을 내며 걸었다. 지난날을 돌이켜봐도 이렇게 오랫동안 많이 걸었던 기억은 없다.

오늘의 '우연한 걷기'는 사물을 보고 감정을 느끼는 소중한 시간을 선물해주었다. 이 생각을 마음에만 오래 간직할까 했지만, 계속해서 쌓아가는 게 더 낫겠다는 결론에 이르렀다. 예상하지 못하고 계획하지 않은 '날것이 주는 행복'. 그래서 나는 오늘부터 걷고, 생각하고, 글을 쓰기로 했다.

# HUAMDONG
# SEOUL

서울 후암동

마포 > 효창동 > 남영동 > 이태원 > 용산 > 후암동 >
아현동 > 홍대로 이어지는

## 21.64km

작고 소박한 동네에서의
보물찾기

'두텁바위마을, 용산구 후암동.'

보물찾기

뜨거운 여름이 다가오고 있는 6월 중순, 땡볕 거리를 벌써 5일째 쉬지도 않고 걷고 있다. 둘레길도 아니고 공원도 아닌, 더더욱 흙길도 아닌, 울퉁불퉁 보도블록 위를 온전히 걷는다. 걷다 보니 발목 움직임에 상당한 압박이 들어왔다. 유의해서 잘 걸어야 하는 이유다.

걷고 생각하고 글쓰기. 아직 초기라서 그런가? 마음이 많이 들떠 있다. 걷는다는 것이 행복할 수 있다는 생각을 생전 가져보지 못했었다. 걸으며 어느 동네 하나를 샅샅이 탐방한다는 것은 '보물찾기' 같은 느낌이다.

초등학교 소풍날 보물찾기를 해본 경험이 있는지? 아주 신나는 일이다. 나는 어렸을 적 학교에서 헌인릉으로 소풍을 간 적이 있는데, 학생들 집합 장소에서 그리 멀지 않은 곳의 풀숲에 선생님들이 미리 숨겨둔 보물(학용품)을 엄마들이 몰래 살핀 후 제 아이들에게 일러주고는 했다. 당시엔 학용품 하나라도 더 얻으려고 선수 치듯 엿보기 경쟁이 심했는데, 나는 그 일이 매우 흥분되고 신났었다. 그리고 오늘이 딱 그런 기분이다.

오늘의 목적지는 용산구 후암동(厚岩洞)이다. 남산을 등에 업고 용산을 앞마당으로 내려다보는 마을. 예부터 크고 둥근 '두텁바위'가 있다 하여 붙은 이름이다. 두터운 이 바위는 자손 귀한 사람들이 찾아와 자손 얻기를 빌던 곳이라 전해지고 있다.

### 서울 용산구 효창공원으로

6월 중순으로 갈수록 태양은 높고 뜨거워졌다. 전국적으로 흐리고 비가 온다면서 웬걸? 오늘도 한낮 온도가 30℃에 육박하고 있다. 전 세계적인 기후 이상 현상이 우리나라에도 고스란히 오는 것 같다.

가벼운 배낭에 물병을 두 개 넣고, 3년 전에 사서 박스 한 번 열어보지 않았던 운동화를 꺼내 신었다. 엄청 가벼운걸? 신발 위로 구멍이 숭숭 뚫려 있어 통풍도 잘되었다. 이 정도면 오늘 걷기는 대체로 수월하지 않을까. 아주 오만방자하게 길을 나섰다.

'…덥구나. 아… 덥다.'

시작부터 더웠다. 고갯길만 살짝 넘어가는데도 땀이 줄줄 흐른다. 머리에는 챙모자를 눌러쓰고, 땀이 흘러내리지 않도록 헤어밴드로 감쌌다. 마포오거리에서 효창동 용머리고개를 넘어 삼각지로 향하려다, 문득 효창공원 쪽으로 발길을 옮겼다. 애당초 목적지만 있고 어떻게 가는지는 별로 상관이 없었기에 수시로 방향을 바꿨다. 걷기의 매력이다.

효창공원은 독립운동가 묘역이 자리한 곳이다. 독립운동의 대표적 인물인 백범 김구 선생을 기리는 백범김구기념관이 있다. 태어나서 한 번도 가보지 못한 곳. 멀지도 않고 지근거리에 살면서도 참 무심했던 곳.

뜨거운 태양을 거슬러 하얗디하얀 백범김구기념관 안으로

경의선숲길을 따라 용머리고개를 올랐다.

백범 김구 선생의 좌상. 늘 하얀 한복을 입었던 그 모습을 그대로 표현한 것 같다.

경리단길을 지나 후암동으로 가기 전, 해방촌에서

해방촌 꼭대기에 있는 천주교해방촌성당

들어섰다. 굉장히 넓은 중앙 로비 한가운데에 백범 선생의 좌상이 있고, 그 옆에 몇 줄로 선 학생들이 인솔자의 설명을 듣고 있었다.

근현대사의 역사적 배경과 대한 독립 (만세), 그리고 6.25전쟁까지 이어지는 스토리는 내게 딱히 새로울 게 없었다. 다만, 흑백사진의 독립 투사들을 뚫어지게 보며 혼잣말을 했다. '많이 어렸구나. 그 나이에 참 대단들 하시다. 공부는 잘했을까?' 피식 웃었다. 공부라니…. 그래, 그 정도 투지면 뭐든 잘했겠지.

## 용산 경리단길, 해방촌을 오르다

기념관에서 나와 숙명여자대학교를 거쳐 남영동, 그리고 삼각지를 통해 이태원 방향으로 길게 돌았다. 이왕 걷는 거, 좀 더 많은 거리를 채우기 위해 일부러 이태원과 남산둘레길을 따라 후암동으로 들어갈 예정이다.

남산둘레길을 지나 경리단길, 해방촌을 거쳐 후암동으로 빠지는 길들은 다소 좁고 높고 험하다. 그 가장 높은 곳에 보성여자고등학교가 위치해 있는데, 여자들이 종종 말하는 '언덕 위의 내 고등학교'가 딱 이곳인 듯하다.

여러 갈래길을 마을버스가 요리조리 잘도 다닌다. 걷기에는 다소 무리가 있어 대부분 차를 이용할 것 같은 저곳을 나는 두 다리로 터벅거리며 오른다.

뜨거운 열기가 발끝을 타고 올라 무릎에서 멈춘다. 이미 내 등뒤로 내리쬐는 태양열이 머리부터 가슴으로 내려와 무릎에서 발끝의 열기와 마주친다. 그럼에도 무릎은 이상할 만큼 차갑다.

낯선 곳에서 동네 간판을 하나하나 들여다보면 거기서부터 보물찾기가 시작된다. 오래된 미용실과 이용원, 그리고 식당 간판들. 특히 작고 소박하지만 재밌는 이야기를 가지고 있을 법한 식당은 놓치고 싶지 않다. 그 끝에서 마주친 '남산밑 유부'라는 식당은 언젠가 꼭 가보고 싶어서 메모를 해두었다.

### 후암동 후벼 파기

후암동 좁은 골목을 여기저기 후비며 다녔다. 골목 사이사이로 옛 건물과 새 건물이 조화롭지만, 대체로 낡고 낮은 집이 많은 편이다.

골목을 돌아다니다 보면, 도로로 이어지는 대문 밖 벽에 붙어 있는 의자가 종종 눈에 띈다. 주인 없는 의자와 또 그 문 앞 돌계단에 다리를 포개고 쪼그려 앉아 잡담을 나누는 동네 어르신들이 내 어릴 적 기억 속으로 밀려 들어온다.

흰 머리카락이 가득한 어느 노파는 내 앞에서 등을 보이고 앉아 대문 안쪽에 소쿠리를 놔둔 채 파를 다듬는다. 그리고 가끔 뒤돌아 밖을 보며 누군가에게 뭐라 뭐라 소리를 내뱉는다.

낯선 동네의 이런 풍광이 낯설지 않은 까닭은 어쩌면 이곳이 내 기억 속 고향집과 다를 바 없어서인 것은 아닐까. 한 폭의 그림으로 남기고 싶을 정도로 아련하다.

후암동 골목을 내려와 서울역으로 향했다. 오후 늦은 시간까지 걷다 보니 어느새 날이 흐려져 있었다. 비가 온다더니 이제야 멀리 먹을 잔뜩 품은 구름 하나가 보였다. 서울역 염천교를 넘어가는데, 분홍 나팔꽃이 흐드러진 채 배웅을 한다.

# YEOKSAMDONG
# SEOUL

서울 역삼동

마포 > 이촌 > 반포 > 잠원 > 신사 > 강남 >
역삼으로 이어지는

## 19.72km

결국 밥 한 그릇 먹으러 여기까지 왔지만,
그래도 행복한

"아빠 걸으러 나갔다 올게."

최대한 들릴락 말락 하게

가족 모두 늦잠에 빠져 있는 일요일 아침. 나가면서 속삭이듯 "다녀올게" 말은 했지만, 글쎄… '누가 잘 들었을까?' 사실 아무도 듣지 못했으면 좋겠다고 생각했다. 아내의 잔소리를 안고 밖을 나간다는 건 여간 부담이 아닐 수 없으니까. 가족을 두고 혼자 돌아다니는 걸 어느 누가 좋아할까? 미안한 마음이 가득하다.

오늘 서울은 낮 최고기온이 33℃를 넘어섰다. 역대급 더위가 온다는데, 여름이 채 시작도 하기 전에 날씨가 푹푹 찐다. 나중에 알았지만, 이 정도의 기온은 8월 날씨에 비하면 봄이었다. 정말 역대급 여름이 오고 있었다.

오늘 걷기 목적지는 역삼동이다. '마포에서 역삼이라니!' 평소에는 걸어서 갈 생각을 전혀 못 해본 거리다. 실제 거리는 12km에 불과하지만, 체감상 너무 멀어 보였다. 보통 마포에서 역삼동까지는 아주 길게 도는 버스를 한 번 타거나, 대부분 두 번씩은 갈아타야만 갈 수 있었다.

역삼동 가는 길에 오늘 꼭 두 가지를 먹어봐야겠다. 하나는 서울에서 가장 맛있는 떡볶이집 중 하나라는 강남역의 '예쁜 할머니네 떡볶이', 그리고 내가 가끔 외근 나갔을 때 점심을 먹곤 했던 역삼동의 '제주은희네해장국'이다.

먹을 목적으로 걸어갈 생각을 하니 벌써부터 다리에 날개를 단 듯하다. 최근에 읽은 떡볶이 맛집 관련 책에서 서울 시내 몇 군데 유명한 집을 점찍어두었다.

'그래, 여기 여기를 찾아가는 거야.
그리고 물론 나는 거기가 어디든 걸어서 가야지?
맛을 본 다음 팩트 위주로 리뷰를 하는 거야.'

자전거를 세워두고 한가로이 낮잠을 자는 노인.
날씨는 쨍하진 않지만 후텁지근하다.

걷는 재미와 먹는 재미를 한 번에 느낄 수 있다니. 벌써부터 마음이 설렜다. 생각만 해도 참 즐거웠다.

마포역에서 한강공원으로 빠져 마포대교, 원효대교, 한강철교, 한강대교, 동작대교 그리고 반포대교까지 여섯 개의 한강 다리를 지난다. 그리고 잠수교를 건너 서울고속터미널에서 논현동으로 이동 후 다시 강남역, 역삼동으로 넘어가는 코스다.

하늘에 구름이 가득하다. 습한 기운에 후텁지근하다. 마포한강공원으로 나와 원효대교를 지나는데, 자전거를 한쪽에 세워두고 낮잠을 즐기는 노인이 한가롭고 정겹다. 평소 울퉁불퉁한 서울 시내를 걷다가 오늘처럼 공원 흙길이나 정돈된 길을 걸으니 편안하다. 가는 길, 6월에 피는 금계국도 화려하게 맞아주니 천상(天上)이 따로 없다.

### 이촌을 지나 잠수교를 건너

매일 걷기 시작한 지 20여 일이 지났다. 하루도 안 빠지고 평균 10km를 걸었더니 누적 200km가 되어간다. 갑자기 오래 걸을 때 오는 증상이 생겼다. 제일 먼저 왼발 통증으로 시작해 오른발로 통증이 이동을 했고, 발바닥보다도 발등에서 발가락까지 뼈마디 하나하나가 쑤시고 저린 증상이 왔다. 그렇게 왼쪽에서 오른쪽으로 이동하더니 며칠 지나 모든 통증이 사라졌다. 오래된 피가 한 바퀴 돌고 새것으로 채워진 기분이었다.

걷기가 등산보다 좋은 것은 심하게 힘들거나 몸에 큰 무리를 주지 않기 때문이다. 물론 나처럼 오래 걸으면 관절의 마모(磨耗)는 심하겠지만, 적당한 걷기는 최상의 운동이다. 전문가는 하루 1시간, 5~6km를 꾸준하게 걷는 것을 추천한다.

걷다 보면 좋은 것 중 하나가 평소 눈에 띄지 않던 사물을 자세하게 들여다볼 수 있다는 점이다. 다 낡은 녹슨 철물, 인기 없는 꽃, 뜯겨진 도로와 잘 보이지 않는 이정표 그리고 각양각색의 나랑 관계 없는 사람들. 마주 오는 사람들의 얼굴을 보면서 어느덧 다양한 삶이 읽혔다. 어린아이부터 노인들까지, 얼굴과 그들의 체형에서 살아온 인생이 엿보인다. 그리고 그와 비교해 내 삶을 비추어보면서 어느새 나는 깊은 생각에 빠진다.

반포대교 가까이 오니 사람들이 부쩍 많아졌다. 잠수교의 양방향 교통을 통제하고 '차 없는 잠수교 뚜벅뚜벅 축제' 행사를 하고 있었다. 다리 위로 많은 사람이 걷거나 휴식을 취하거나 또는 양쪽에 늘어선 각종 액세서리 노점을 구경하거나 먹거리를 즐기고 있다. 그 모습이 참 좋았다. 나도 걷기를 잠시 멈추고 함께 즐겼다.

한참을 뚫어지게 보았다.
이분은 도무지 할머니 같지가 않다.

## 강남의 거리, 행복을 먹다

계획을 수정했다. 반포대교 남단에서 시내로 접어드는 대신 한강을 따라 그대로 한남대교까지 걸었다. 잠원한강공원으로 나와 신사동 가로수길의 유명한 빵집, '에뚜왈'로 향했다. 집에 빵이라도 들고 가면 가족이 참 좋아라 할 것 같다. 신사동 가로수길은 예전만큼 사람들로 북적이지는 않았다. 코로나19 3년 동안 문화가 바뀌고 사람들의 모임 장소도 바뀐 것 같다. 하긴, 요즘 연남동이나 성수동, 문래동을 가보면 확실히 트렌디하고 세련된 감성의 매력적인 동네로 탈바꿈했다. 반면, 홍대나 신촌, 특히 이대 앞은 상권이 크게 위축된 것이 보였다. 이미 핫플의 세대 교체가 이루어진 게 아닐까 싶다.

신사를 지나 논현, 그리고 강남으로 빠져나오니 또 복작거린다. 예정했던 '예쁜 할머니네 떡볶이' 집은 정말 예쁜 아주머니가 주인이시다. 도저히 할머니 같지는 않은데, 결혼을 일찍 해서 진짜 할머니가 되셨거나 또는 그냥 상호명만 할머니일 수도 있겠다 싶었다. 얼른 포장만 하고 역삼으로 건너갔다. 나중에 집에 와서 먹어보니 정말 맛있는 집이 확실했다.

벌써 해가 저물고 있었다. 배도 꼬르륵꼬르륵하는 것이 한 끼도 먹지 못하고 걷기만 했더니 난리다. 조금만 기다려라.

결국 '제주은희네해장국' 한 그릇 먹으러 역삼까지 걸어온 셈이 되었다. 맛은 아주 좋지, 꿀맛이지, 그런 거다. 힘들지만 보람 있고 너무 배고파서 최고로 맛있는 밥을 먹었다. 아침인 듯 점심인 듯, 그러나 저녁밥이 되어버린.

정말 하루가 뚝딱 흘러 역삼동 고개로 해가 떨어진다. 아… 너무 멀리 왔는데? 아내한테 뭐라 말할까. 빵과 포장한 떡볶이를 들고 돌아가는 길, 740번 버스를 타고 눈을 감는다. 그리고 어느새 잠이 들어버렸다.

# PILDONG
# SEOUL

서울 필동

남산둘레길 〉 필동 〉 충무로 〉
을지로로 이어지는

## 12.02km

서울 도심에서 찾은 둘레길과
냉면집

'올해 여름은 더워도 너무 더워.
그늘이 하늘을 뒤덮었으면 좋겠다.'


향기를 걷는 길

오늘도 '폭염주의보'가 발효 중이다. 걷기 시작한 지 26일째. 매일 쉬지 않고 평균 10km 이상을 걸었다. 일상 걸음까지 합치면 대략 13~14km를 걸은 셈이다. 길을 걷다 보니 낯선 동네가 점점 익숙해진다. 처음 가본 길도 첫걸음 같지 않다.

집과 골목, 가게 간판들은 서로 비슷해 보이지만, 그 안에서 그 동네만이 가지고 있는 보물을 발견하기도 한다. 이발소가 그렇다. 그래서 새로운 길은 일부러 천천히 걷는다. 발끝에 그 땅을 담으려 노력하다 보면, 오랜 세월 쌓아온 동네의 이야기가 내 귀의 이어폰 음악과 함께 섞이고 번져 진한 향취(香臭)를 남긴다.

필동 골목에서 발견한 이발소.
요즘의 바버숍과는 다른 정취를 가졌다.
왠지 은둔 고수가 이발을 해줄 듯한
느낌이다.

남산도서관에서 약 20분 정도를 오르면,
남산타워에 쉽게 도달할 수 있다

### 사모하는, 남산둘레길

오늘은 마포 경의선숲길을 걷다가 남산둘레길로 발길을 돌렸다. 무더운 날에도 오래 걸을 수 있는 곳이 바로 남산둘레길이다. 매일 퇴근 후 을지로에 있는 회사에서 남산을 올라 집으로 돌아오곤 했다. 코스가 힘든 편은 아니지만, 여름에는 금세 후텁지근해지고 땀으로 범벅이 된다. 그래서 퇴근길엔 운동복으로 갈아입었고, 출근할 때도 운동 가방을 메고 다녔다. 엘리베이터에서 양복 차림의 사람들 사이에 서 있으면 종종 내가 직원이 맞는지 궁금해하는 눈빛도 느껴졌다.

서울의 여러 둘레길 중에서 나는 남산둘레길이 최고라고 생각한다. 길이 오래된 만큼 시설도 잘 갖춰져 있고 뛰는 사람, 걷는 사람, 자전거 타는 사람 모두가 함께 이용할 수 있다. 무엇보다 시내 한가운데서 남산으로 바로 올라갈 수 있고, 그곳에서 내려다보는 서울 도심의 야경은 그야말로 장관이다.

#### 딸아이를 만난 '필동'으로 가다

남산둘레길을 지나 국립극장과 반얀트리호텔 쪽으로 빠져

나왔다. 집으로 돌아가는 길은 두 가지다. 반얀트리호텔을 보고 왼쪽 충무로로 가거나, 오른쪽 한남대교 쪽으로 가는 길. 오늘은 충무로가 있는 필동으로 향했다.

필동에는 딸이 태어난 삼성제일병원이 있었지만, 지금은 사라지고 없다. 국내에서 가장 큰 여성 병원이었고, 첫째를 동네 병원에서 잃은 경험이 있어 아내가 절대 개인 병원은 가지 않겠다고 해서 선택한 곳이었다.

어느새 어스름이 깔리기 시작했다. 충무로 큰길을 지나 뒤쪽의 작고 낡은 필동 골목으로 접어들었다. 닫힌 술집들이 간간이 보인다. 한때 영화 산업의 메카였던 충무로는 지금 그 명맥만을 겨우 유지하고 있다.

필동에는 냉면으로 유명한 '필동면옥'이 있다. 저녁 시간이 지났는데도 가게 앞에는 여전히 긴 대기 줄이 있었다. '여기까지 왔으니 한 번 먹어봐야겠지?' 하는 마음으로 자연스럽게 줄에 섰다.

가게 안은 손님들로 붐볐다. 직원들이 마지막 주문을 받고 있었다. 냉면 한 그릇에 1만 4,000원. 5분도 안 걸려 먹어 치웠지만, 배는 도무지 차지 않았다.

저녁을 먹고 나니 완전히 어두워졌다. 하루 종일 걷는다는 것은 내 휴식 시간을 온전히 바치는 일일지도 모른다. 매일같이 쌓이는 피로는 쉽게 풀리지 않는다. 그럼에도 걸으며 음악을 듣고, 유튜브로 경제 방송을 들으면 세상의 감성과

지식을 쌓는 데 유익하다.

오늘은 마지막으로 을지로에 들러 아내와 딸이 좋아하는 빵을 샀다. 남은 빵이 별로 없어 원하는 종류를 고를 수는 없었지만, 그래도 집으로 돌아가는 길이 행복했다.

# MULLAEDONG
# SEOUL

서울 문래동

마포 > 영등포 > 문래동 > 안양천 > 망원동 >
마포 집으로 이어지는

## 21.43km

철공소의 쇳밥과 예술가의 열정이
어우러졌을 때

영등포를 지나 문래동 가는 길은 오래전부터 삶을 영위해온 낡음과 골목의 연속이다.
철공소는 나름의 색을 품어 지역을 이야기한다. 말을 하지 않아도 속닥댄다.

"또 나가?"

염치없지만, 어제 토요일에 이어 오늘도 걸으러 나왔다. 아내가 뭐라 하는데, "남편 건강 챙겨야 돈 벌어오지"라는 말도 안 되는 소리를 내뱉고 후다닥 나왔다. 그래도 어제 사다 준 '빵'의 효과가 있어 문자 한 통을 남겼다. "이따 들어올 때, 또 뭐 좋은 거 있으면 사올게!"

### 나는 탐험가다

오늘은 영등포구 문래동을 탐험하기로 했다. 문래동은 탐험이라는 말이 왠지 잘 어울린다. 문화와 창작의 동네이기도 하고, 또 낡고 오래된 철공소들이 공존하니까. 그 둘의 조합은 이질감이 없다.

1990년대 문화 동네는 주로 홍대·합정이었는데, 땅값과 건물 임대료가 비싸지면서 예술가들이 문래동으로 많이 넘어왔다. 비어 있는 철공소를 있는 그대로 꾸며 예술로 채우고 이야기를 담은 지 20년이 되어간다.

늦은 오후 하늘은 맑고, 마포대교를 걷는 발걸음도 맑다. 나는 쭈욱 걷고 또 걸어 영등포를 지나 문래로 갔다.

마포역에서 문래동까지 직선거리는 5.6km다. 걸어서 가도

1시간이면 족하다. 벌써 태양은 하루 일을 다 하고 퇴근을 준비한다. 영등포에 다다르니 짙은 철공 냄새가 대로변을 타고 온다. 서울 다른 동네에서 찾아보기 힘든 '녹슨 삶'의 현장이 줄을 지어 있다. 일요일 늦은 오후, '일터'는 굳게 닫혀 있는 반면, 골목 사이로 문화(文化)의 향기가 동네를 은은하게 밝히고 있었다.

골목을 한쪽으로만 직진하지 않고 이리저리 휘저어 갔다. 성수나 합정에 비해 사람들이 아주 많지는 않다. 낡은 건물에서 흘러나오는 강력한 비트에 흐느적거리는 젊은이들도 보이고, 때로는 일본에 온 듯한 간판과 거리도 매우 인상적이었다.

신진 작가들의 등용문이기도 한 '갤러리문래 골목 숲길'로 들어서니 골목 벽들마다 작품들이 가득하다. 그림도 보면서 와인 한잔할 수 있는 세트도 마련되어 있다. 한 동네가 예술 작업실에서 작품실로 변모하는 데 10년이 걸렸고, 또 지금처럼 다양한 카페와 휴식처가 결합하기까지 10년을 지나온 것 같다.

복작거리는 골목을 지나 개미 한 마리도 보이지 않는 철공소 골목으로 더욱 들어가 걷는다. 2년 전, 지인의 부탁으로 '인디 영화'에 단역으로 출연한 적이 있었다. 장소가 문래동이었고, 새벽 아무도 없는 철공소에서 촬영하는데 정말 무서웠다. 문래의 한쪽은 스릴러와 오컬트를 담고 있기도 하다.

문래동은 갤러리가 풍부하고
카페도 넉넉하다.

7월. 안양천의 백합꽃 길은 짙은 향기로 가득하다.

## 안양천 백합꽃 길을 걸어 집으로

어떻게 집으로 돌아갈까 고민하다가 지도를 보니 도림천과 안양천이 가깝게 있었다. '그래, 여기를 빙 둘러서 가보자.' 벌써 저녁 시간이 훌쩍 넘어가 있었다. 어제도 꽤 걸었는데, 아직 발목은 문제없다고 오늘도 나를 먼 거리로 떠밀고 있다.

문래현대아파트를 지나 안양천으로 빠졌다. 이제 제법 어둑해져서 안양천의 유명한 벚꽃나무도 잘 보이지 않는다. 운동하는 사람들을 뒤따라 안양천을 왼편에 두고 성산대교 방향으로 걸었다.

가는 길에 너무 좋았던 것이 수백 미터에 달하는 백합꽃 길이었다. 밤에도 백합의 자태가 화려한 걸 보니, 밝은 낮 길이었다면 더욱 환상적이었을 것 같다. 7월은 가히 백합의 계절이다. 벚꽃 길이 절대 부럽지 않은 백합꽃 길을 걷다 보니 절로 나오는 노래.

> "오 ~ 내 사랑, 목련화아야~
> 그대 내 사랑 목련화아야~"

부르자마자 급히 거둬들였다. 나도 모르게 내뱉은 엉뚱한 노래에 키득댔고, 그렇게 밤은 짙어가고 있었다. 그나저나 오늘 '아무것도 못 샀네?'

# GURI
# GYEONGGIDO

경기도 구리

마포역 > 서울역 > 종로 > 청량리 > 상봉 > 망우리 >
구리 > 남양주시로 이어지는

## 25.03km

폭우 속 걷기를 만끽하며,
이후의 천국을 기대하며

"정말 미쳤구나? 거기가 어디라고!"

오늘도 나는 미쳤다

날씨가 흐린 것이 종일 비가 퍼부을 듯한 기세다. 그럼에도 불구하고 나는 오늘도 주섬주섬 가방을 쌌다. 물론 '우비'도 챙겼다. 아내가 평소보다 더 눈을 흘겼다.

"아니, 오늘 비가 장대처럼 내린다는데,
작작 좀 하지?"

따로 대꾸는 하지 않고 속으로만 생각했다. '뭐, 알지. 작작 해야 하는데, 난 오늘 꼭 거기를 갈 거라고. 그리고 미리 봐 둔 찜질방도 갈 거야. 만화책이 가득한 곳인데, 완전 천국이 지 않겠어?' 아내는 나중에 천국을 가기 위해 오늘 성당엘 가고, 나는 그냥 오늘 천국에 갈 생각으로 희희낙락했다. 인생이 묘하다.

## 구리구리뱅뱅

오늘 목적지는 '구리'다. "와! 구리라고?" 마포에서 구리까지 걷는다 하니 다들 '한 소리' 한다. 근데 가만히 따져보면, 거기까지 직선거리는 고작 22km인걸? 내가 그동안 걸었던 기록들을 보면 22km는 아무것도 아니다. 그저 마포에서 구리라고 하니까 아주 멀게만 느껴지는 거라고 생각했다. 근데 말이지, 마지막에는 정말 힘들었다.

구리시를 딱히 가볼 일은 없었다. 10년 전 직장 동료 아버님이 돌아가셨을 때 구리에 있는 한양대병원 장례식장에 가본 정도? 아무튼 그때 기억에도 마포에서 버스를 여러 번 갈아타고 어렵게 갔었다.

자동차를 타고 강변북로를 따라 서울에서 구리시로 빠질 때 항상 보이는 간판 중 하나가 '고구려의 기상, 구리'다. 당최

고구려와 구리가 무슨 관계인가 했는데, 마케팅의 일종이란 다. 물론 근거가 전혀 없는 것은 아니고, 구리와 광진구 사이에 있는 아차산에서 고구려 유물이 종종 발견된다고 한다. 그리고 '구리'라는 명칭에 고구려와 비슷한 어감이 있다.

하늘 위로 구름이 낮고 짙게 깔려 있다. 구리까지 도보로 가려면 서울 사대문을 통해 중랑구로 빠져 망우리고개를 넘어가야 한다. 흙길은 없고 온통 보도블록이며, 수많은 신호등을 거쳐 가는 길이라 쉽지 않다.

서울역 고가 공원 '서울로7017'에서 내려다본 서울역 풍경. 서울로7017은 고가도로가 만들어진 1970년도와 공원화를 완료한 2017년도를 합성한 이름이다.

마포에서 종로 사대문으로 가는 방법은 아현 방향으로 걷다가 충정로를 지나 광화문으로 가거나 또는 만리동고개를 넘어 서울역, 남대문을 통해 이동할 수 있다. 오늘은 만리동고개를 넘고 '서울로7017'을 건너 명동에서 종로 방향으로 걷기로 했다.

일요일 오전이고 날씨가 흐려서인지 서울로7017 공원엔 사람이 거의 없다. 덥기도 하겠거니와 딱히 일부러 찾아오고 싶은 공원이라 보기는 어렵다. 차라리 교통 편의로 보면 이전 '고가도로'였을 때가 훨씬 편하기는 했다.

## 서울의 끝자락은 구리의 시작

보도블록을 걷다 보면 블록이 깨져 울퉁불퉁한 곳도 많고, 특히 큰길을 건널 때마다 신호등이 맥을 끊기도 해서 걷기가 쉽지 않다. 잘 걷다가 멈추는 것이 익숙지 않아서 처음에는 인생철학처럼 '우리 생엔 쉼도 필요해'라며 신호등을 긍정적으로 생각했지만, 제길… 걸을 땐 그냥 멈춤 없이 쭈욱 걷는 게 최고다.

서울 도심 한복판을 걷다 보면 사람들과 자주 부대낀다. 요리조리 피하는 것도, 한눈팔지 않고 물웅덩이를 밟지 않는 것도 중요하다. 특히 매연 때문에 마스크도 필수다. 하지만 너무 덥고 땀이 흐르다 보면 '에라 모르겠다' 하면서 마스크를 벗게 된다. 누군가는 걷기 운동이 오히려 건강을 해치는 이유가 매연 때문이라고 하는데, 이 말에 어느 정도 공감을 한다.

종로를 지날 때쯤, 잠깐 해가 비치더니 제기동과 청량리를 지나면서부터 비가 내리기 시작했다. 얼른 우비를 꺼내 입고 비를 헤쳐 걷는다. 하지만 상봉역을 지나면서부터는 장맛비가 미친 듯이 퍼붓기 시작했다. 우비는 전혀 제 기능을 못 했고, 우르르 쾅쾅! 천둥과 함께 번갯불 한 줄기가 저 멀리서 나를 향해 싸늘하게 내리쳤다. '이러다 길가에서 감전되는 거 아냐?' 걱정이 되기도 했다. 길 가던 사람들이 쳐다보는데, 완전 미친놈이 따로 없어 보였을 것이다.

앞이 안 보일 정도로 비를 맞고 걷는데, 이상하게 기분이 너무 좋았다. 비를 맞고 걷는 게 얼마 만인지 모르겠다. 어렸을 때 일부러 비 맞고 다녔던 기억들, 군 시절 훈련 중 폭우에 그대로 노출되었던 일들과는 비교할 수 없을 정도로 내 온몸의 열기와 세상의 근심이 다 씻겨 내려가는 듯했다. 이 기분을 어떻게 글로 담을 수 있을까.

'한낮에 세상의 모든 물줄기가 내 머리 위로 폭포처럼 떨어지는데, 앞은 안 보이고 모든 소리는 빗소리에 잠기고, 그럼에도 불구하고 머리가 온통 시원해지면서 세상 행복한 빗줄기를 다 가진 기분이랄까? 한 바가지 물줄기가 함박 빗줄

어마어마한 빗줄기에 우비는 수영복이 되었다.
안녕! 구리시!

기로 쏟아진다.'

망우리고개를 넘어 서울시와 구리시 경계에 접어들면서, 나는 목청껏 소리를 질러댔다. 노래를 불러도, 고개를 타고 내려오는 빗물에 물장구를 쳐도 보는 이가 아무도 없었다. 중년의 사나이가 가장 순수했던 어린 모습으로 세상을 다 가질 때쯤, 드디어 구리시가 보이기 시작했다.


힘들었지만, 추억은 모락모락


구리를 지나 남양주시 '다산신도시'까지 걸어가는 도중에 비가 그쳤다. 몸의 열기 때문인지 김이 모락모락 난다. 운동화도 양말도 물에 젖어 묵직하다. 발걸음이 천근만근 무거워졌다. 터벅터벅도 아니고 '철푸덕 터벅, 철푸덕 터벅'거리며 물 반, 신발 반으로 고구려 땅을 밟았다.

구리역을 지나 왕숙교를 건넌다. 왕숙천 다리 위 일직선으로 나팔꽃이 만발해 '이제 다 왔으니 조금만 더 힘내!'라고 응원한다. 다산신도시 안에 있는 '스파디움 24'를 향해 마지막 있는 힘을 다한다. 옷을 훌러덩 벗고 찜질방에 들어서는데, 마침 성당을 다녀온 아내에게서 안부 전화가 왔다.

"어디쯤이야? 구리는 잘 도착한 거야?"

"아니, 여기 구리 아니야. 천국이야.
너 대신 왔어."

돌아가는 길은 버스를 타더라도, 나는 여기서 한참을 있다가 들어갈 테다. 구리, 정말 좋구나!

# SAMCHEONGDONG
# SEOUL

서울 삼청동

종로 > 삼청동 > 서울대병원 > 혜화동 > 성북한양도성길 > 삼청동 > 연희동 > 마포 집으로 이어지는

## 14.42km

친구를 만나러 가는 길,
성곽 아래 동네들을 지나며

"Start."

동반자, 나의 스마트 시계

일전에 지인으로부터 시계 하나를 선물로 받았다. 개인적으로는 낯선 브랜드였고, 또 제대로 사용할 줄을 몰라 그냥 시계로만 착용했었다. 그런데 내가 '걷기'를 하면서 이것만큼 유용하게 사용하고 있는 것이 있을까 싶을 정도로, 시계는 정말 스마트했다.

내 '걷기'를 도와주는 동반자.

오늘도 걷기를 시작하면서 시계를 작동하니 예순 번째 걷기 운동이라고 뜬다. 일상 걸음은 그냥 하루 몇 보 걸었는지만 표기되지만, '걷기' 프로그램을 가동하면 별도의 데이터로 코스까지 완벽하게 기록이 됐다.

핸드폰에도 경로를 기록하는 앱이 있지만, 종일 GPS를 측정하느라 배터리가 쉽게 닳아버린다. 하지만 스마트 시계는 그것을 오랫동안 기록할 수 있도록 설계되었다. 특히 내가 가지고 있는 시계는 스포츠에 특화되어 있어서 지면의 높고 낮은 정도와 위치, 그리고 심장박동 수도 분 단위로 기록된다. 아주 기특하다.

## 비 내린 삼청동, 고즈넉한 발걸음

오늘은 따로 목적지를 정하지 않았는데, 오랜만에 혜화동에 사는 고등학교 동창 녀석한테서 전화가 걸려왔다.

"뭐 하냐? 밥이나 같이 먹자?"

그럴까? 한참을 걷게 되면 늘 혼밥을 해야 했다. 휴일이지만 업무 때문에 잠깐 종로에 나와 있던 터라 혜화동이 가까운 이유도 있었다. 예전에 마포에서 혜화까지 걸어간 적이 있는데, 정확하게 10km가 찍혔다. 종로에서는 대략 5km 정도에 불과하다. 인사동으로 빠져 서울대병원까지 이동하는 아주 일반적인 코스인데, 오늘은 혜화동을 가는 김에 삼청동을 함께 탐방하기로 했다.

서울 삼청동은 경복궁을 옆에 끼고 북동쪽에 위치하고 있으며, 수백 년 역사의 전통 가옥들이 즐비한 동네다. 가회동, 삼청동, 계동을 묶어 흔히 '북촌한옥마을'이라 부르는데, 공방과 찻집 그리고 작은 박물관들이 즐비하다.

오늘도 날씨는 여전히 낮게 구름을 드리우고, 금방 비를 쏟아낼 것 같았다. 2023년 여름은 폭염으로도 유명했지만, 장마 또한 6월 말부터 7월 말까지 계속 이어지고 있었다. 장마 후 폭염을 미리 예고하듯 열심히 비를 뿌리고 습한 기온으로 열풍을 쌓아놓는다.

종로, 인사동을 빠져나와 경복궁을 슬쩍 쳐다보고 오른쪽으로 틀어 삼청 율곡로 입구로 들어섰다. 계속 내린 비로 초록이 화사하다. 골목에 들어서자 우아한 대금 소리가 벽을 타고 건너온다. 잠깐 비가 그친 새 산책하는 아이들의 소리가 대금 가락과 이리저리 섞였다. 내 발걸음도 가볍다. 노랑 수국을 마주한 덕성여자중학교도 정겹다.


혜화동, 친구, 그리고 다시 삼청으로


가까운 거리라 총총거리며 걷는다. 곧 혜화동에 도착했다. 혜화동로터리 옆에는 아주 오래된 칼국숫집이 있는데, 거기서 친구를 만나 국수 한 그릇을 먹는다. 故 김종필 총재가 자주 다닌 집이라고 한다. 칼국수는 안동 국시에 가까워서 면이 얇은 편이다. 그리고 간장으로 맛을 냈다. 특히 이 집은 생선튀김이 끝내주는데, 막상 먹지는 못했다. 바삭바삭 옆 테이블에서 먹는 소리로 음미만 했다. '불쌍하도다.'

칼국숫집 바로 맞은편에 커피집이 있다. 혜화동콩집? 이름이 정겹고, 로스팅이 아주 끝내준다.

커피집에서 이런저런 사는 이야기를 나누었다. 20~30대에는 만날 노는 이야기만 하다 나이가 드니 자식 이야기며 투

혜화동콩집에서 커피를 한 잔 마셨다. 카페 이름이 정겹다.

자 이야기가 주를 이룬다. 둘 중 한 놈이라도 성공하면 서로 밥이라도 두둑이 얻어먹을 모양새이지만, 좀처럼 그날이 오지를 않는다. 항상 그랬지만, 서로 똥손이라고 낄낄대며 하대하는 것도 참 즐거운 시간이다.

오늘처럼 어떤 동네를 탐방하다 그 동네에 사는 지인을 번개로 만나면 재밌겠다는 생각을 한 적이 있었다. 하지만 실천하진 못했다. 다 내 마음 같지 않고, 또 한참을 걷다 보면 땀냄새와 몰골이 아주 험해지니까. 이런 모습은 나만 간직하는 것으로. 그들도 결코 원하지 않겠다는 생각이 든다.

걷기 시작하면서 다양한 소재거리가 떠오른다. 영상을 찍어 유튜브에 올릴까? 맛집 탐방으로 블로그를 장식할까? 지인을 찾아가 사는 이야기를 인터뷰할까? 하지만 곧 접었다. 숨이 턱턱 막히며 걷는 것도 힘겨운 여름이다.

식사를 마치고 성균관대 뒤쪽으로 해서 삼청터널을 지나 다시 삼청동으로 빠지기로 했다. 잘 몰랐는데, 혜화동에 참 좋은 학교들이 많다. 혜화동에서 명륜로 고개로 넘어가는 길에 혜화초등학교, 서울과학고등학교와 서울국제고등학교가 마주 붙어 있다. 조금 지나니 한양도성길이 나오고, 이내 와룡공원으로 들어선다.

와룡공원을 지나 한양도성을 따라 언덕을 오른다. 성벽 아래를 옆에 끼고 걷는데, 참 높다는 생각을 했다. 이 정도면 사람이 기어오르기 어렵겠구나! 성벽 위에서 볼 때와 아래에서 볼 때가 사뭇 다르게 느껴진다. 생각해보니 지금껏 성벽 밑을 걸어본 적이 별로 없었던 것 같다. 남산 위에서 바라보거나 인왕산 오르는 길에 낮은 성벽을 옆에서 보거나. 수많은 전쟁에서 나라를 지켜온 위엄과 대단함이 선조들에 대한 존경심과 함께 다가왔다.

성벽 옆으로는 집들이 다닥다닥 붙어 있는데, 이곳을 '북정마을'이라 부른다. 처음 오는 동네다. 낡은 슬레이트 지붕에 초록나무가 울창하다. 매우 조용하지만 또 한편으로는 음습하다.

와룡공원길을 빠져나오니 다시 삼청동이다. 삼청로의 수많은 찻집과 음식점을 보는 것만으로도 즐겁다. 경복궁을 지나치려다 그 안에 있는 국립민속박물관도 잠시 들른다. 끝내 비는 오지 않았고, 덥지만 내내 흐린 구름 덕분에 기분이 좋다. 그래도 산을 타서인지 발목이 시큰하다.

마포 집까지 걸을까 하다 버스를 탄다. 도저히 걸어서 사직터널을 빠져나갈 궁리가 서질 않았다. 경복궁에서 버스로 사직터널을 지나 연희동까지 이동하고 다시 경의선숲길을 따라 걸어서 집으로 돌아왔다. 날이 어둑하다. 내일 출근할 생각을 하니 내 머릿속도 어둑해진다. 걷고 왔더니 휴일이 끝났다.

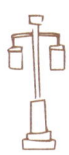

와룡공원길을 따라 삼청로로 빠진다. 삼청로와 북촌로가 만나
북촌마을로 길을 인도한다.

# BUCHEON
# GYEONGGIDO

경기도 부천

부천 17보병사단 > 부천역 > 소사 > 역곡 > 오류 > 구로 >
당산 > 영등포 > 여의도 > 마포 집으로 이어지는

## 23.1km

한길로 이어진 도로,
쓸쓸한 도시의 경계를 지나며

"정 팀장님!
정말 마포까지 걸어가신다고요?"

폭염 속, 부천에서 마포로

모처럼 회사에서 군부대 장병들 코칭 면담을 주제로 사회공헌 활동을 갈 일이 생겼다. 제대 후 군부대는 오랜만이라 이전과는 환경이 어떻게 다를까 궁금도 했고, 위치가 경기도 부천이라 처음 걸어보는 코스여서 호기심도 생겼다.

예전에 부천을 몇 번 지나쳐 가보기는 했으나, 딱히 연고가 있어 직접 방문해볼 일은 없었다. 게다가 나는 부천과 부평의 위치를 자주 헷갈렸다. "어디가 더 서울에서 가까워?" 하면, 부천에 사는 후배는 부평하고 비교한다며 어이없어하기도 했다.

사회 공헌 활동은 미니버스를 대절해 오후 시간에 갔다가 바로 퇴근하는 일정이었다. 부천에서 서울로 혼자 걸어서 퇴근해도 되는지 담당자에게 물어봤더니, 눈이 휘둥그래지며 놀란다.

"어차피 퇴근하시는 거라 괜찮기는 한데,
이 더위에 부천에서 서울까지 걸어간다고요?!"

담당자는 가당키나 하겠냐고 혀를 내둘렀다. 사실 누구라도 미친 짓이라 할 만했다. 긴 장마가 끝나고 드디어 본격적인 폭염이 시작되었으니 말이다. 한낮의 체감온도는 33℃에 육박했다.

"하하, 한 번 경험해보려고요.
음… 재밌을 것 같은데요?"

내가 웃으면서 말하니, 담당자는 무리해서 탈 나지 말라고 주문한다. 잘못되면 산업재해? 그나저나 이미 내 머릿속은 걸을 생각으로 흥분됐다. 지난번엔 마포에서 구리까지 동쪽으로 걸었으니, 이제는 서쪽 방향이다. 거리는 대략 20km로 거의 비슷하지만, 그때는 폭우가 내렸고 지금은 폭염이라는 게 다를 뿐.

### 모자는 생명수

날씨가 어찌나 뜨거운지 에어컨을 잔뜩 틀었는데도 미니버스 안은 그다지 시원하지 않았다. 뒤척이다 잠이 들었을까? 우리를 태운 버스가 어느새 부천 군부대에 도착해 있었다. 창문 밖으로 보이는 바리케이드와 부대 정문 앞 헌병이 낯설지 않았다. 저만치 근거리에 아파트도 보이고, 바로 옆 대로변에 차들도 많이 지나다니는 것이 너무 외지지 않아서 걸어 나오기에는 큰 무리가 없어 보였다. 그사이 장병 한 명이 손짓을 했다. 우리는 곧바로 버스에서 내려 군 관계자의 인도를 받아 대강당으로 이동했다.

멘토링 코칭은 전역이 얼마 남지 않은 말년 병장을 대상으로 진행되었다. 학교에 복학하는 일부터 직장 면접을 준비하는 일, 또는 무슨 직업을 선택하면 좋을지에 대해 선배 입장에서 두루두루 조언을 해주었다. 뿌듯함보다는 그들과

부천 시내로 접어들어 대로변을 따라 걷는다.
그늘이 없다.

세대 차이가 커서 내 조언이 얼마나 도움이 될까 하는 걱정이 앞섰다. 그래도 눈 초롱초롱 빛내면서 들어주니 내가 더 고마웠다.

80분 남짓 이야기하고 들어주다 보니 예정된 시간이 금방 지나갔다. 멘토링을 끝내자 장병들이 고맙다고 배웅을 나온다. 부대를 벗어나 직장 동료들과 귀가 인사를 나누고 마포 집을 향해 걷기 시작했다.

막상 부대를 나오니 큰 대로변도 휑하다. 눈앞에 보이는 아파트도 건널목을 한참 찾아야 건너갈 수 있었다. '아이고… 길 하나 건너는데도 짓궂구나.' 오후 3시가 넘어가자 태양의 열기가 극에 달했다.

심하다. 더위도 너무 더웠다. 차라리 비를 흠뻑 맞으며 걷는 것이 훨씬 나았다. 모자도 없이 땡볕을 걸으니 온몸이 땀으로 홍수다. 가는 길에 가로수도 보이질 않는다. 나무 그늘도 별로 없는 대로변을 따라 걷는데 차에서 뿜어져 나오는 열기까지 더해져 몸 전체가 반숙이 되어갔다.

부천 시내까지 나오자 여기저기 사람들도 복작대고 가게들도 많이 보이기 시작했다. 도저히 안 되겠다 싶어 다이소에서 5,000원짜리 모자 하나를 샀다. '와… 모자만 써도 살 것 같구나.' 아내에게 문자로 모자를 샀다고 자랑하니 바로 답변이 온다.

"도대체 집에 모자가 몇 개나 되는데, 또 산 거야?"

아… 괜히 이야기했다. 남편이 땡볕에 쓰러지든 말든, 아내는 모자 개수가 더 중요했나 보다. 이 땡볕에 걷는 내가 더 바보지. 사실 할 말은 없었다. 잔소리가 더 올까 봐 문자에 답변을 달지 않았다. 읽씹.

### 소사를 지나 역곡, 그리고 서울로

부천에서 마포로 걸어가는 길은 아주 간단하다. '경인로' 하나만 쭉 따라가면 된다. 1936년에 개통된 경인로는 인천시 미추홀구부터 여의도까지 이어진 단일 도로다. 생각해보니 도로명만 바뀔 뿐 큰길 하나만 따라가면 인천에서 구리까지 갈 수도 있다.

부천에서 소사, 역곡을 지나면 유한양행재단에서 운영하는 유한대학교가 나온다. 유한대학교 건너편에 새로 지은 아파트(온수역 e편한세상)를 왼편에 끼고, 오류 IC를 향해 힘겹게 언덕을 탄다. 열기에 아지랑이마저 신기루가 되고, 목은 마른데 한참을 둘러봐도 가까운 편의점이 눈에 보이질 않았다. 물도 필요하고 당도 떨어졌다.

여름에 한나절을 걷다 보면 물값이 장난 아니다. 그렇다고

고척스카이돔.
평일에도 야구팬이 많았다.

무거운 물을 몇 병씩 들고 다닐 수도 없고. 편의점 물을 몇 병씩 사 먹다 보면 1만 원도 순식간이다. 참자. 이윽고 경기도 끝자락을 지나 서울 땅을 밟았다.

## 도시의 경계는 쓸쓸하다

도시의 경계는 항상 많은 것들이 휑하다. 경기도에서 서울로 이어지는 오류동을 넘어 고척스카이돔까지 단조로운 길이 이어졌다. 야구장 근처까지 오니 키움 히어로즈 유니폼을 입은 젊은이들이 속속 모여들고 있었다. 평일인데도 회사 업무 마치고 야구 보러 오는 모습이 참 부럽다. 그들이 땀에 젖은 나를 이상한 눈으로 힐끔거린다. 나는 힘이 없어 대놓고 그들을 쳐다봤다. '자네들, 야구나 보셔. 난 걸을 테니. 미친놈이지, 이상한 놈은 아닐세.'

도림교를 건너 영등포, 여의도까지 오는 길에 해가 다 졌다. 어둑어둑한 틈으로 한강이 보이기 시작하니 또 한 번의 대견스러움에 스스로 웃는다. 흐흐흐… 지난주 구리에 이어 부천까지, 서에서 동으로 50km를 횡단한 셈이다.

누구한테나 오늘은 의미 있는 날이겠지만, 나만큼 미쳐보진 않았겠지. 스스로 자축하고 나니 마포 집에 들어서자마자 잔소리하는 아내의 목소리도 꽤나 괜찮았다.

# BUKHANSAN
# SEOUL

서울 북한산

대흥동 > 신촌 > 연희동 > 홍제동 > 녹번동 > 불광동 >
은평뉴타운 > 스타벅스 북한산점 > 연신내로 이어지는

## 23.09km

생각과 풍경을 곱씹어보는 걷기의 즐거움,
거기에 핫플 방문까지

'은평 북한산 낮은 자락으로,
나는 걷고 생각하고 씁니다.'

내 뜨거운 젊은 날, 신촌을 걷다

뜨거운 2023년 8월 초 여름, 일요일 아침에 떠난다. 걷기 프로젝트 스무 번째, 오늘 목적지는 스타벅스 북한산점이다. 여기 커피숍이 경치도 좋다고 해서 일찌감치 점찍어둔 곳이다. 은평구를 지나 북한산 가는 길은 처음이다.

마포 집에서 경로를 검색하니 약 15~16km 정도가 나온다. 걷기에 딱 좋고, 운동했다고 말할 수 있는 거리. 게다가 처음 가는 코스이니 주변 풍경이 주는 생경함은 얼마나 더 낭만적일까. 태풍 '카눈'이 상륙하기 이틀 전이라선지 폭염이 작렬한다. 한낮 최고기온이 36℃다. 이런 날 걷는 것은 건강한 몸을 해친다고 하지만, 걸으며 땀에 흠뻑 젖는다는 묘한 기대감에 가슴이 뛰었다.

먼저 신촌으로 향했다. 연대 앞 신촌 거리는 정말 오랜만이다. 젊은 날 대학 친구들과 어울려 새벽 늦게까지 술집을 기어다닌 추억이 새록새록하다. 친구 몇몇이서 술을 옴팡 퍼먹고 헤어졌다. 그런데 집으로 간다는 게 한 명은 공중전화, 한 명은 동네 병원으로 기어들어가 자다 걸렸단다. 매번 술안주 꺼내 먹듯, 듣고 듣고 또 들어도 한참을 웃는 이야기다.

1990년대 대학교 앞은 늘 젊음의 열정이 가득 묻어나는 거리였고 시끄러웠다. 당시에는 고성(高聲)도 당연했고, 노는 문화가 지금처럼 다양하지 못했던지라 만나면 노래방 가고, 당구 치고, 술 마시고 그랬다. 요즘엔 그런 낭만이 사라진 건지, 그런 낭만을 느껴볼 젊은 내가 사라진 건지 모르겠다.

신촌 '연세로'의 일요일 오전은 한적하다.

### 벤조를 울리며 마차는 간다

신촌을 지나 연세대학교를 바라보고 오른쪽으로 들어 연희 IC 방향으로 향한다. 흙길이 아닌 편석이 가득 깔린 도로를 밟고 가면 울퉁불퉁 발목에 파도가 친다. 평지만 가득한 서울 도심이었다면 재미가 있었을까? 골목마다 길이 굽이쳤다. 그렇게 가다가 바로 앞 신호등이 멈추면 내 걸음도 멈춰야 한다. 리듬이 끊어지면 더 힘이 드는 법. 앞의 신호등을 맘속으로 계산하며 걸음 속도를 조절한다.

연희로를 따라 서대문 방향으로 계속 걸었다. 서대문구청을 지나 홍제천 '홍제내길'로 빠졌다. 터벅터벅 더운 길을 그냥 걷기 심심해 음악을 듣는다.

우리 시절 노래도 아니고 트로트를 썩 좋아하지는 않지만, 이상하게도 옛 가수 명국환 님의 노래를 자주 듣게 된다. 어느 날 TV에서 아흔이 훌쩍 넘은 노년의 명국환 님을 인터뷰한 방송을 보았는데, 궁금해서 찾아보고 노래를 들었더니 이후 계속 찾게 되었다. 음악을 들으며 레트로 시대에 빠져든다. 그분의 인생은 어땠을까?

당시 부모님들은 어떤 애틋한 추억과 생활을 담고 있었을까? 노래를 듣다 보면 그 시절의 일상으로 즐겁게 빠져든다. 특히 명국환 님의 〈내 고향으로 마차는 간다〉라는 노래가 참 좋다.

"벤조를 울리며 마차는 간다~ 마차는 간다~
저 산골을 돌아서 가면, 내~ 고향이다~"

불광을 지나 은평으로

홍제천을 지나니 녹번동. 녹번동 언덕을 넘으니 불광동으로 이어진다. 젊은 날 경기도 송추로 예비군 훈련을 갈 때마다 지나쳤던 불광동은 그 시절 언덕만 기억에 남아 있었다. 주변 나지막한 집들은 전부 사라지고 신축 아파트가 즐비하다. 열심히 아파트 구경도 하면서 은평으로 빠지니, 골목골목 옛 집들이 나오기 시작했다. 아직은 좁고 낡은 건물들이 다음 세대를 기다리는 것 같다. 그 낡음이 좋았다. 낮은 공간 사이로 어슬핏 삐져나오는 여백에 사진 찍는 즐거움이 있다.
불광에서 지하철 6호선 독바위역을 지나면, 은평뉴타운 지역이 나온다. 깨끗하고 정갈한 아파트가 숲과 어우러져 있다. '여기도 참 살기 좋은 곳이네.'

하나고가 뭥미?

북한산이 보인다. 대략 3시간을 걸었다. 오는 내내 생숫값이

1990년대 초에 지은 상가 건물도 특이하다.

2014년에 조성된 은평한옥마을은 은평구의 대표 관광지다.

또 한참 들어간다. 물값 아끼려면 버스나 택시를 타는 게 훨씬 나을 듯하다. 더위에 오래 걸을 때만 알게 되는 사실. 비싼 줄 아무도 모른다.

드디어 한옥들이 보인다. 북한산 옆으로 꽤나 넓은 지역에 '은평한옥마을'이 자리하고 있다. 주민들보다 관광객이 더 많다.

### 북한산 스타벅스에서

드디어 목적지인 스타벅스 북한산점에 도착했다. 땀범벅이라 차가운 커피를 벌컥벌컥 들이켜고 싶다. 그래도 이곳에서는 시그너처 음료인 '북한산 레몬 얼그레이 블렌디드'를 먹어야 한단다. 혼자 케이크 한 조각과 아이스커피 그리고 시그너처 음료를 주문했다.

이렇게 스무 번째 걷기 프로젝트가 끝났다. 전체 거리는 23.09km. 돌아오는 길은 연신내에서 멈췄다. 이 폭염에 더 이상의 무리는 진짜 건강을 해칠 것 같았다.

걸으면서 보고 느끼는 감정은 굵은 칡 하나를 질겅질겅 씹듯이, 쓰고 달달한 내 생각과 보이는 풍경들을 몸에 켜켜이 채우는 느낌이다.

# BONGCHEONDONG
# SEOUL

서울 봉천동

마포 > 이촌동 > 상도동 > 봉천고개 > 봉천동 >
낙성대 > 사당으로 이어지는

## 19.12km

내 청춘의 기억,
이제는 마지막 의리처럼 간직할

'나의 꿈같은 젊은 날, 봉천동을 가다.'

나의 젊음, 봉천동

가장 힘들었지만 찬란했던 20대의 끝을 봉천동에서 보낸 적이 있다. 대학을 졸업하고 집을 나와 하숙방을 전전하다 매달 나가는 월세가 아까워 돈을 모으고 모아서 전셋집으로 들어간 곳이 봉천동 옥탑방이었다.
옛날에는 흔히 서울 달동네, 하면 봉천동이었다. 1970

1980년대 봉천동 일대는 동산마다 기와집과 양옥집이 혼재했다.

~1980년대에는 대부분이 판자촌이었고, 그나마 1990년대에 들어서 재개발이 진행되었다. 그럼에도 불구하고 '하늘을 받든다'는 뜻의 봉천동은 서울에서 대표적인, 달과 가까운 동네 중 하나였다.

그대, 빨래에 맞아본 적이 있는가?

옥탑방에 살면서 가슴 아린 추억이라면 뜨거운 여름날에 에어컨도 없이 선풍기 하나로 버티며 팬티만 입고 지냈던 날

1983년에 지은 미도맨숀. 맨션이 아니라 '맨숀'이다.
18평 실거래가가 무려 13억 원을 넘는다(허걱!).

들만은 아니었다. 그보다 더 진한 기억은 주택가 옥상에 바퀴벌레가 엄청 많았다는 것. 셀 수 없을 정도로 이리저리 쏘다니는 바퀴벌레 모습에 아주 진절머리가 났다. 옥상에만 기어다니면 다행이게? 어느 날은 자고 있는 내 침대 안에서도 종종 조우했는데, 인터넷에서 "인간은 잠자는 동안 평생 대여섯 마리의 바퀴벌레를 먹는다"라는 글을 읽고 까무러친 적도 있다.

혹시 '빨래'에 맞아본 적이 있는지? 우습게 들리겠지만, 빨래해 널어놓은 청바지를 걷다가 입술을 맞아 옥상 바닥에 나자빠진 적이 있다. 피를 철철 흘리면서 '내 다음 번에는 기필코 트롬 세탁기를 구입하리라' 다짐했던 기억이 아직도 생생하다. 당시 옥상에 세탁기를 들일 수가 없어서 이전 주인이 사용하던 걸 5만 원 주고 물려받았는데, 탈수 기능이 고장 나서 빨래하고 나면 늘 손으로 직접 물을 짜내야 했다. 특히 청바지는 재질이 두꺼워 물 짜내기가 엄청 힘들었고, 겨울에 옥상 빨랫줄에 걸어놨더니 그대로 얼어 강철 바지가 되어버린 것이다. 봉천동, 내게는 젊음과 아픔이 공존하는 동네다.

### 갖고 싶은 아이템, 우비

비 오는 일요일, 목적지를 서울 관악구 봉천동으로 잡았다. 2년간의 옥탑방 생활을 마치고 첫 신축 빌라를 얻어 마포로 이사 온 지 벌써 20년이 훌쩍 지났다. 그때 그 봉천동은 아직도 그대로일까? 너무 많이 변해서 추억이 싹둑 잘리지만 않았으면 좋겠는데 말이다.

오늘은 비가 보슬보슬 내리는 수준이라 우비를 챙겨 밖으로 나왔다. 이제는 비 오는 날도 걷는 게 습관이 되었다. 그러다 보니 가장 갖고 싶은 아이템 중 하나가 '근사한 우비'다. 일회용 비닐 우비를 여러 번 빨아 쓰다 보니 고린내가 잘 빠지질 않는다. 아무리 강력한 세제를 써서 세탁을 해봐도 소용이 없었다. 그러다 비싼 우비가 좀 낫겠지 싶어 '아! 이거 진짜 마음에 드는데?'하고 끌리는 걸 찜했다가 50만 원대라는 것을 알고서는 그냥 마음을 접었다.

### 이촌을 지나 한강대교로

마포역에서 봉천동까지 걸어가려면 용산 한강대교를 건너 상도동으로 가야 한다. 그리고 좌회전 해 숭실대학교 방향으로 봉천고개를 넘어가면 바로 서울대입구역이 보이고, 이어서 우회전 해 신림 쪽으로 1km 남짓 걸으면 된다. 지도상으로는 전체 거리가 11km밖에 안 되는 짧은 코스다.

우선 마포 도화동을 거쳐 이촌동으로 걸어갔다. 이촌2동은 '서부이촌동'으로도 불리는데, 교통편이 불편한 외진 동네이지만, 조만간 용산 빌딩들을 마천루로 삼고 한강을 마주한 고급진 동네로 바뀔 듯하다. 이촌2동에는 김대건 신부님을 비롯한 수많은 천주교 지도자들이 순교한 '새남터'가 있고, 그 자리에 순교를 기념하는 천주교 성당을 지었는데(1987년 건축) 한옥 모양의 자태가 경건하고 웅장하다.

이촌동을 빠져나오니 한강대교가 보이기 시작했다.

이촌2동에 위치한 천주교 순교성지
'새남터 기념 성당'.

상도터널을 빠져나오자마자,
상도터널이 생기기 전부터 리어카로 시작했다는
진짜 국물 떡볶이의 원조 '오시오 떡볶이'가 보인다.

비 오는 거리라 토요일임에도 마을 주민이 많이 보이지는 않는다.
봉천동 언덕에는 어김없이 낡고 정감이 가는 이발소가 있었다.

## 큰 고개, 봉천고개를 넘다

한강대교 중간의 '노들섬 복합문화공간'에는 사람들이 많았다. 각종 피트니스 센터에서 나와 홍보를 하고 운동도 즐기는데, 그들의 젊은 혈기가 부러웠다. 내가 낄 수 있는 자리가 있을까 싶어 살짝 내려갔다가, 슬쩍 구경만 하고 금방 빠져나왔다. 웃통을 벗고 가슴 근육 빵빵한 그들과 지난번 부천에서 5,000원 주고 산 카우보이 모자에 땀을 삐질 흘리는 나는 '혈기'에서 천지차이가 났다. 그나마 무료로 나누어준 음료수 하나를 건져 마음은 행복했다.

상도터널을 빠져나와 숭실대학교 방향으로 걷는다. 숭실대학교 건너 상도근린공원과 마을 골목 사이를 누볐다. 어느 동네건 낡은 골목과 길들이 좋다. 버거운 무릎을 달래며 천천히 오르다 보면, 똑같은 서울 골목도 동네마다 다르게 느껴진다.

근린공원 계단을 밟고 오르다가 이내 봉천고개 큰길로 빠져나왔다. 조금 더 올라 국사봉으로 가기에는 무리일 것 같고, 비가 한두 방울씩 떨어지고 있었다. 봉천고개 내리막길 대로변에 짧은 간격으로 대형 교회들이 있었다. '여기 상권이 많이 발달했군. 오밀조밀 사람들이 많이 살고 있네' 하는 추측이 가능했다. 교회로 사람들이 모이기도 하지만, 대부분은 사람 많은 곳에 교회가 들어서기 때문이다.

## 내 젊은 자화상을 묻고 봉천동을 떠나다

이제 비가 제법 내린다. 드디어 봉천시장에 도착했다. 20년 전 기억을 더듬으며 내가 살던 주택가를 찾았다. 먼저, 봉천시장은 이전보다 도로가 넓어졌고 특유의 복잡함도 한층 사라졌다. 게다가 내가 살았던 주택가는 한쪽이 터억 떨어져나갔고, 그 자리에는 아파트가 들어서 있었다. 어디가 어딘지 도무지 분간이 가지 않았지만, 나는 언덕을 타고 천천히, 아주 천천히 오르내렸다.

사실 나는 봉천동 옥탑방에 사는 동안 동네를 자세히 돌아다닌 적이 별로 없었다. 그때는 매일 회사 출근 시간이 새벽 6시였고, 집에 돌아오면 밤 10시를 넘기기 일쑤였다. 휴일에는 덥거나 추운 옥탑방에 있기보다 주로 강남이나 종로로 나가 시간을 보냈다. 그래서인지 오늘 부푼 기대감을 안고 왔음에도 봉천동이 유달리 낯설게만 느껴졌다.

어쩌면 내 기억 속 봉천동은 '옥탑방'에만 머물러 있었는지도 모르겠다. 좁은 골목의 주택가는 언제나 희미한 가로등 불빛에 가려졌고, 옥상 계단마저 어두컴컴해 손을 짚으며 더듬더듬 올랐던 기억이 떠올랐다. 가끔 밤에 나와 옥상에 서 있으면, 집집마다 창문이 별빛처럼 반짝였다. 그렇게 떠오른 과거의 기억들이 점점이 머릿속에서 흘러나와 빗줄기 속으로 흩어진다.

간직했던 추억들이 사라지자 더 이상 이곳에서 얻을 영화(榮華)가 없다는 생각이 들었다. 어차피 다시 찾아온들 짧게 스쳐간 내 청춘의 시간들이 그 자리에 영원히 머물러 기다리고 있지는 않을 테니까. 그저 한 폭의 그림처럼 내 머릿속 자화상으로 남기는 것이 봉천동에 대한 나의 마지막 의리였다. 빗줄기에 생각을 뒤섞다 보니 어느새 동네 입구까지 내려와 있었다. 나는 뒤돌아보지 않고 봉천동을 떠나 사당으로 걸어 들어갔다.

# HONGJECHEON
# SEOUL

서울 홍제천

용강동 > 망원동 > 가좌동 >
홍제천을 따라 홍제폭포를 돌아 이어지는

## 25.76km

누군가에겐 하천의 끝이지만,
누군가에겐 걷기의 시작인

'강 따라 하늘 따라 걷다 보니
내(川)에 닿았네.'

그저 조금만 더 열심히 걸으면 된다

2023년 8월 27일 일요일, 구름이 많고 다소 더위가 누그러진 24℃의 날씨. 걷기에 딱 좋은 날이다. 오늘은 한강을 따라 걷고 싶었다. 한강의 끝은 어디일까? 한강은 어떤 수많은 하천을 만나고 또 합치고 함께할까? 그런 생각들이 오늘 걷기 코스를 홍제천(弘濟川)으로 잡게 했는지 모르겠다. 애당초 나는 홍제천을 잘 모른다. 그저 이전에 서대문을 통해 북한산으로 걷다가 못 보던 천을 보았고, 그것이 홍제천이었던 걸 오늘 새삼 기억해낸 것이다.

세상 늘어지게 잠을 자고 오후 2시쯤 일어났다. 반쯤 감은 눈으로 빙 둘러보니 아내와 딸은 보이지 않는다. 만날 걷는다고 나가 돌아다니는 남편은 이제 가족이 아니다. 그저 힘들 때, 힘깨나 쓰는 머슴으로만 두어도 나쁘지 않은 듯. '아! 이것도 좋은데?' 킥킥거리면서, 또 주섬주섬 가방을 싸 들고 나선다. 하늘이 좋다. 이미 강바람은 가을의 중턱을 향

홍제천에 거주하는 왜가리 A씨는 오늘도 여전히 외발로 선 모습이 우아하다.

해 가는 중이다.

지난주에는 부산과 거제를 4일 동안 100km 넘게 걸었다. 덕분에 오는 9월 1주 차가 지나면 걷기 시작한 지 3개월 만에 1,000km를 달성할 것 같다. 굳이 얼마를 걷겠다는 목표는 없었지만, 기록을 하다 보니 숫자에 연연하지 않을 수 없었다. '그래, 이왕이면 3개월에 960km를 찍느니, 40km를 더 걸어서 1,000km를 채우는 게 낫지 않겠어?' 쉬운 일이다. 그저 남은 사나흘 동안 더 열심히 걸으면 된다.

홍제천의 끝은 내게 시작과도 같다. 이렇게 보면 누구의 끝은 나의 시작이다.
그러니 끝났다고 좌절하지 마라. 그대가 생각하는 끝은 누군가의 새로운 시작이니까

## 홍제천을 따라, 홍제폭포를 만나다

강변북로를 타고 성산대교 북단까지 오면 하천 하나가 한강으로 유입되는 곳이 있는데, 거기가 홍제천의 끝이다. 이제부터 홍제천은 성산 내부순환도로를 머리에 이고 북한산까지 거슬러 올라간다. 홍제천과 내부순환도로가 내내 함께하는 이유는 아무래도 하천 위가 땅값에 구애를 덜 받고 가장 방해 없이 공사를 할 수 있었기 때문이 아닐까 싶다. 그런 이유로 자연스럽게 하천 코스에 그늘이 생기고 갑자기 비가 와도 피하며 걸을 수 있어 좋았다.

홍제천 하류는 다소 냄새가 나고 물이 고여 지저분하지만, 위로 갈수록 정비가 잘되어 있고 물도 깨끗한 편이다. 그래서 가끔 왜가리가 보이고 물오리도 보인다. 특히 팔뚝만 한 잉어가 떼로 헤엄치는 모습은 대단하기까지 하다. 옛날 같았으면 낚시꾼이 잉어를 잡아가고 물오리도 성치 못했을 텐데, 지금은 잘 보호되고 있는 것 같다. 보기에도 좋고, 아이들 교육에도 좋다.

홍제천의 발원지까지 가볼 생각은 아니었다. 오늘은 다리도 풀 겸 그저 적당히. 그런데 가다 보니 최소한 홍제폭포는 봐야 하지 않을까 싶었다.

한강 코스와 다르게 하천 코스에는 화장실이 드물다. 걷다 보면 항상 소화가 잘되는데, 그러다 보니 급하게 화장실을 찾을 때가 많다. 이 문제의 가장 좋은 솔루션은 어디서든 화장실 위치를 표시해두고 심지어는 비밀번호도 알아내 기록해두는 것이다. 한 번 적어둔 비밀번호가 바뀌는 경우는 아직까지 없었다.

홍제폭포에 다다르니 사람들이 옹기종기 모여 있다. 바로 앞 상층에는 카페처럼 의자에 앉아 구경하는 사람들, 아이들과 함께 산책 나온 사람들이 많다. 홍제폭포는 인공 폭포이기는 하지만 산등성이를 따라 거세게 내려치는 물줄기가 여느 자연 폭포 못지않고 보기만 해도 시원하다.

홍제폭포를 지나 더 오르니 공사 중이라 길 한쪽이 막혀 있었다. 어쩔까 고민하다 오늘은 그냥 여기서 돌아가기로 했다. 다시 돌아간다고 해도 지금까지 온 만큼 13km를 더 걸어야 한다. 저녁이 다 되었는데도 집에서 연락이 없는 걸 보니, 나는 정말 남인가 보다. '얼른 가야지, 머슴인데. 가서 집 청소도 해야지.'

돌아가는 발걸음이 아주 가볍다. 지치지 않은 다리가 세상 끝까지라도 갈 기분이다. 그 기분을 안고 다시 홍제천 끝에 다다르니, 저 멀리 망원 한강 변에 서 있는 '서울함' 불빛이 다채롭게 빛났다. 한참을 쳐다보고, 홍제천의 기억을 담아 집으로 간다.

밤에 봐도 '서울함'은 듬직하다.
망원 한강 변을 불빛으로 채워 시민들의 추억을 지킨다.

# GWANGGYO ①
# GYEONGGIDO

경기도 광교 ①

반포 > 서초 > 양재 > 청계산 > 내곡 > 판교 > 정자 > 미금 >
죽전 > 광교로 이어지는

## 36.28km

남쪽으로 걷기,
내가 꼭 살아보고 싶은 곳으로

'나는 오늘 양재를 따라
광교호수를 향해 걷습니다.'


엄마도 내가 그리웠을까


아침부터 날이 흐리다. 모처럼 엄마가 충주에서 올라오셨다. 어제 수원에 있는 친척 결혼식장에 모셔다드리고, 오신 김에 우리 집에서 하룻밤 주무시고 가라 했다. 사실 자주는 못 보니까, 기회될 때마다 손녀 얼굴 한 번이라도 볼 수 있

아름다운 광교호수공원 전경.

게 해드리는 것이 중한 일이라 생각했다. 엄마가 참 행복해하신다.

기억을 되살려보면 엄마는 잔소리보다 자주 '삶이 아픈 소리'를 많이 하셨던 것 같다. 장남으로서 그럴 때마다 막중한 짐이 어깨에 드리웠고, 나는 그걸 해결하면서도 항상 도망갈 궁리만 했었던 것 같다. 어떤 때는 지긋지긋한 궁상이 싫어 얼굴을 붉히며 큰 소리를 낸 적도 있었다. 하지만 그럴 때마다 나는 후회와 번뇌로 가득 찼다.

가족이고, 함께하는 인생인데 꼭 그럴 필요가 있었을까? 마음은 그렇지 않았지만 '사랑한다'는 말만큼이나 '죄송하다'

는 말도 못 했던 것 같다. 그러고 보니 엄마한테도 '사랑한다'는 말을 들어본 적이 거의 없었던 것 같다. 그리웁다, 그 말. 엄마도 그리웠을까? 나이가 들어가면서 아들은 아들대로, 엄마는 엄마대로 서로 가깝고도 먼 간극을 유지한 채 평생을 살아온 것 같다. 그 삶이 참 애틋하다.

'그리웁다, 그 말. 엄마도 그리웠을까?'

### 찬란한 기억, 광교호수

"얘! 이제 가자!"

하룻밤을 주무시고 다음 날 아침 8시에 엄마가 주섬주섬 짐을 싼다. 반포고속터미널까지 택시로 모셔다드린 후 나는 어제 느낌이 좋았던 수원에 가보기로 했다. 어젯밤부터 내 인생에서 가장 먼 거리를 걷는다는 생각에 마음이 들떴다. 택시에서 내려 엄마를 배웅해드리고 걷기 시작했다. 정확한 목적지는 수원시에 있는 광교호수다. 아파트 입구와 이어지는 넓은 호수 그리고 수많은 사람들, 뛰어노는 아이들과 수시로 열리는 페스티벌로 활기가 넘실대는 모습에 '와! 여기 정말 근사하구나' 소리가 나도 모르게 새어 나왔던 곳. 광교는 송도 센트럴파크에 이어 내 평생 기회가 되면 살아보고 싶은 최고의 지역이 되었다.

### 나는 오늘 광교에 간다

반포고속버스터미널에서 양재역까지 가는 길에, 우연히 서이초등학교를 지나게 되었다. 교문 옆에 선생님의 죽음을 애도하는 화환이 잔뜩 늘어서 있었다. 왠지 숙연해지면서도 어린 학생들을 생각하니 가슴이 아팠다.

내가 어릴 적에는 학생들에게 인권은 남의 나라 이야기였다. 고등학교 때 수업 시간에 콧노래를 흥얼거렸다고(나도 모르게) 미술 선생님께 엄청나게 매질당했던 일이 아직도 생생하다. 진짜 허벅지에 피가 맺혀 그 멍이 없어지는 데 수 주일이 걸렸고, 그사이 어떻게든 집에 들키지 않으려 노력했던 기억이 지금도 애처롭다. 아이와 학부모가 선생님을 존중해주고, 선생님은 모든 아이를 인정과 공정으로 대해주었으면 좋겠다.

서초동을 빠져나와 양재동 양재시민의숲에 이르니 하늘이 맑아지기 시작했다. 구름 틈 사이로 보이는 파란 하늘이 세상을 열고 있었다.

경부고속도로를 사이에 두고, '부산 가는 방향 왼편'에는 양

서울의 경계를 벗어나
판교에 이르자마자 정갈한 건물들이 보였다.

재, 내곡동, 대왕저수지를 지나 판교로 이어지는 길(청계산로)이 있다. 서울에서 판교와 분당을 걸어서 갈 일이 단 한 번도 없었기에, 코스가 꽤나 낯설고 한산했다.

> '지루한 싸움이다. 고속도로 못지않게
> 끊임없이 긴 도로구나.'

거리가 가늠이 안 되다 보니 저 멀리 보이는 길 언덕 너머가 판교인지 아직도 내곡동에 가까운지를 모르겠다. 한참을 걸어 올라가니 용서(용인/서울)고속도로로 빠지는 고가 너머 새 건물들이 우후죽순 서 있는 동네가 보이기 시작했다. 판교 초입에 다다른 것이다.

판교에서 죽전까지는 대왕판교로라고 불리는 직선 도로가 약 10km 펼쳐진다. 도시 안으로 들어왔지만, 특별한 볼거리 없이 꽤 긴 거리를 그대로 걸어가야 했다. 반포에서 여기까지 약 20km를 걸었는데, 체감상 그보다 훨씬 더 많이 걸어온 듯한 느낌이 들었다. 아무래도 도시 경계선을 넘어왔고, 경계선 주변이 거의 아무것도 없는 벌판과 다름없다 보니, 오늘의 걷기는 결국 '지루함'과의 싸움이 되어버렸다.

오래 걷기의 가장 큰 적은 '졸음' '지루함' '불안' '피로' 그리고 '부상'인데, 오늘은 부상을 제외한 모든 적이 내 옆에서 나를 툭툭 건드리며 따라오고 있다.

시간은 어느새 오후 4시 30분을 지나고 있다. 아침 10시 20분에 출발해 밥 한 끼 못 먹고 꼬박 6시간을 걸었다. 지루하기만 했던 대왕판교로를 따라 걷다 보니 어느덧 죽전역 근처였다. 광교로 빠지는 길이 눈앞에 보인다. '이제 얼마 안 남았다'라는 생각에, 없던 힘이 쑥 솟아난다. 뜨거웠던 태양도 저 너머로 기울어간다.

결국 1시간을 더 걸어, 마침내 광교호수공원에 도착했다. 느즈막한 오후라 공원에는 뛰는 사람들도 많다. 그들의 생기 넘치는 얼굴과 찌든 내 얼굴이 대조된다. 그래도 여기까지 걸어온 나를 스스로 대견해하고 칭찬한다. 잊었던 배고픔이 되살아난다. 평소 잘 마시지도 못하는 시원한 맥주와 초밥이 정말 꿀맛이다.

오늘 나는 '서울에서 광교까지 걸어온, 대한민국 최초의 남자'가 되었다.

드디어 광교호수공원 초입으로
들어선다.

# GWANGGYO ②
# GYEONGGIDO

경기도 광교 ②

마포 > 사당 > 과천 > 안양 > 의왕 > 수원 >
광교호수공원으로 이어지는

## 51.46km

마라톤 코스보다 더 걸은 오늘,
가을의 초입에서

'나는 오늘 과천을 따라
광교호수를 향해 걷습니다.'

'오른 길'로 광교를 가다

분명 가을이 온 것 같은, 10월의 첫날이다. 이제 걷기 시작한 지 4개월째에 접어들고 있다. 지난 9월 6일에는 걷기 석 달 만에 기어코 1,000km를 달성했다. 그러니까 한 달에 300km 이상을 걸었고, 매일같이 10km 이상을 걸은 셈이

하늘이 청명하다. 걷기 좋은 계절이 왔다. 어쩜 구름 한 점이 없을까? 오늘은 쉽게 걸을 수 있을 것 같다(착각이었다).

다. 미친 듯이 걸었다고 할 수 있을까? 더 할 수 있을까? 이제 미친 짓은 그만해도 될까? 오만가지 생각이 앞섰지만 이내 접어버렸다. 그냥 걷는 거지 뭐~

오래 걷다 보니 몸은 점점 더 건강해지는 느낌이다. 특히 더운 여름날에 땀을 흠뻑 빼며 걷다 보니 자연스럽게 몸무게도 줄었다. 가장 큰 변화는 주변 지인들의 시선이었다. 처음에는 다들 걱정하는 마음에 '미쳤다'고 하더니 이제는 '참 대단하다'는 말씀들을 하신다. 그런 점이 '꽤나 좋았다'라고나 할까? 아무튼 이제 걷기에 대해 남에게 조언해줄 정도는 되어가는 것 같다. 특히 오늘은 역대 최고의 거리를 도전한

1984년에 준공한 한강의 열한 번째 다리 동작대교.

다. 지난번엔 마포에서 양재를 거쳐 광교까지 갔다면, 오늘은 사당을 지나 과천을 따라 광교로 걸어갈 예정이다.

'저번엔 왼쪽으로 갔으니, 이번에는 오른쪽으로 가보자.' 과천, 안양, 의왕을 걸어보는 것은 처음이라 살짝 또 흥분이 되었다.

일반인들은 쉽게 경험해보기 어려운 일 중 하나가 '한강 다리를 도보로 건너는 일'일 것이다. 기껏해야 동네에 인접한 한강 다리 정도는 걸을 수 있겠다. 하지만 서울에 있는 한강 다리 스물두 개를 다 건널 일은 없을 것이다. 그중 동작대교는 양쪽으로 현충원과 동부이촌동 끝자락이 자리 잡고 있어 더욱더 걸어갈 일이 별로 없는 다리 중 하나다.

## 사당을 지나 과천으로, 수원으로

동작대교를 건너 이수를 넘어 사당으로 향했다. 오늘 꽤나 걸어야 하므로 중간에 도넛도 사 먹고, 카페인으로 에너지를 보충했다. 사당을 지나 과천 남태령으로 빠지는 길은 관악산 주변이라 한참 동안 고개를 넘어야 한다.

내 앞에 한 외국인 부부가 유모차를 끌며 고개를 넘어가고 있었다. 아무래도 서울랜드를 가는 듯했다. 어쩌다 눈이 마주쳐 서로 눈인사를 한다. 나는 얼른 앞서 걸어 과천 길로 빠져나왔다.

과천 시내를 처음으로 걸었다. 과천은 꽤나 살기 좋은 동네, 그리고 어렸을 적 소풍 때면 자주 갔던 서울랜드가 있는 동네 정도로만 알고 있었다. 실제로 생각과 크게 다르지 않았다. 걸어보니 꽤나 '조용하고, 맑고, 평안한 동네'라는 느낌이 와닿았다. 게다가 여기저기 공사를 하는 낡은 과천이 아닌, 새롭게 도약하는 과천으로 변해가는 모습이 보였다.

과천을 가로질러 안양, 그리고 의왕으로 향했다. 이제 겨우 20km를 걸었고, 아직 반도 채 오지 않았는데, 벌써 발에서 잔힘이 빠져나가고 있었다. 넓고 황량한 과천대로와 흥안대로(이런 도로 이름은 처음 보았다)를 계속해서 걸었다. 이제 안양을 지나 의왕으로 빠져나간다. 한참을 올라가는 고개 위에 식당 하나가 보였다. 아무래도 늦은 점심을 먹으며 조금 쉬어야만 할 것 같았다.

드디어 수원에 진입했다. 같은 수원 지역이라 이제 얼마 안 남았다고 생각했지만, 현실은 달랐다. 앞으로도 족히 15km는 더 걸어야 한다. 허걱… 아무래도 저녁 즈음에나 도착할 것 같다. 한 달 전, 엄마를 결혼식장에 모셔다드린 후 얼떨결에 걸었던 수원화성이 너무나 좋았는데, 아쉽게도 오늘은 시간상 그곳을 거쳐 가는 건 어려워 보였다.

수원 근처에 거주하는 직장 상사에게 문자를 보냈다. "저 여기 걸어서 수원에 왔는데, 집이 어디쯤이세요? 근처시면

가로수가 인상적인 과천 시내와 관악산 아래에 위치한 정부과천청사.

의왕으로 빠져나가는 큰 도로 옆에 추어탕집이 있다. 꽤 맛있게 먹었는데, 나중에 리뷰를 쓰려고 보니 식당이 없어져버렸다.

광교호수공원의 야경은 환상적이었다 저 멀리 아파트 불빛도 호수에 비쳐 더 멋진 광경이 되었다

커피라도^^" 이내 답변이 왔다. 야구장(수원 KT위즈파크)에서도 차로 20분 이상 걸리는 곳이라고 했다. 아무래도 커피 한잔은 어려울 듯싶었다. "네! 알겠습니다. 차주에 회사에서 뵙겠습니다."

오랫동안 내가 꾸준히 걷고 있다는 걸 아는 직장 상사는 마포에서 수원까지 걸어온 나를 또 한 번 대견해했다. 처음엔 의아해하더니 이제는 응원의 단계로 넘어갔다. 그래서 막상 동네까지 온 내게 커피 한잔 못 사준 걸 아쉬워했다. 다시 한번 감사 인사를 전하고 마지막 남은 힘을 쏟아 광교호수로 향했다.

## 밤이 더 아름다운 광교호수

한 달 만에 다시 광교호수공원엘 왔다. 지난번보다 무려 10km를 더 걸었는데도 크게 피곤하지 않았다. 날씨도 도와주었고 과천, 의왕으로 코스를 잡은 것이 힘을 불어넣었는지도 모르겠다.

광교호수를 한 바퀴 도는데, 아주 멋진 'LOVE' 조형물이 나타났다. 포토 존이라길래 사진을 찍었더니, 배경 속 도시와 호수가 엽서처럼 아름답게 담겼다. 호숫가에는 운동하는 사람도 많고, 그들의 얼굴에는 행복이 가득해 보였다. 나도 모르게 다시 속마음이 튀어나왔다. "여기 살고 싶다."

시계를 보니 오늘 걸은 거리가 50km를 넘었다. 내 걷기 역사상 처음으로 50km를 돌파한 날. 날씨가 좋고 크게 덥지만 않다면, 집까지 왕복도 가능하겠다는 생각이 들었다. 그리고 결국, 나는 그 생각을 실천하고 만다.

# GWANGGYO ③
# GYEONGGIDO

경기도 광교 ③

마포 > 양재 > 분당 > 광교 > 수원 > 고기리 > 청계산 >
과천 > 사당 > 마포로 이어지는

79.01km

하루 10만 보를 걸으면
생기는 일

'Around!'

광교 다녀오겠습니다

새벽 1시 30분, 알람이 깊게 울린다. 2시간은 잤을까? 몇 초의 망설임도 없이 그대로 일어나 화장실로 갔다. 얼굴이 초췌했다. '아직 걷지도 않았는데, 벌써부터 피곤하구먼.' 나는 혼잣말로 중얼거리고는 바로 씻기 시작했다.
오늘이다. 영화배우 하정우 님이 권한(?) 또는 자랑했던 '하

토요일 새벽 1시 59분. 진짜 칠흑 같은 새벽이다.
일을 마친 '따릉이'가 다음 날을 대기 중이다.

루 10만 보' 걷기에 도전하는 날. 수많은 사람이 시도했다가 다들 거품 물고 포기했다는데. 나는 아무 생각 없이 대충 가방을 싸 들고 밖으로 나왔다. 동네는 생각보다 더 어두웠다.

하루 10만 보를 걷는다는 것. 의미가 깊었다. 한 달 전, 50km를 걸을 때도 겨우 6만 보를 넘겼는데. 10만 보는 그 이상의 땀을 담보해야 한다. 어디로 걸어야 할지 고민은 없었다. 오늘은 광교를 왕복하는 것으로 10만 보를 채울 예정이다.

10월의 한강 바람은 찼다. 그래도 걷다 보면 또 더워지려니 하고 바람막이 없이 반팔로 걸음을 옮겼다. 운동하는 사람이 한 명도 없는 깊은 새벽은 무섭다. 달빛마저 달무리로 번져 한강 전체가 호러다.

하루 10만 보는 얼마나 걸어야 하지? 가늠이 되질 않았다. 새벽 2시에 출발하면 오늘 안으로는 들어오겠지 생각했다. 잠을 깊이 못 자고 전날의 피곤을 그대로 짊어진 채 걸었다. 그래도 한 번 걸어본 길이라 낯섦에서 오는 더딤은 없었다. 양재에서 판교로 넘어가는 대왕저수지를 가급적 동틀 때 즈음 지나가기 위해 속도 조절을 했다. 그곳엔 분명 귀신이 있을 테니까. 새벽 4시만 피하면 된다. 왜냐고? 죽을 사(死)니까. 크크

판교에 들어섰다. 대략 5시간, 28km 지점이다. '이런, 시계

한강대교와 노들섬이 새벽 깊은 곳에 두둥실 떠 있다.

어디를 눌러야 하지?' 몇만 보를 걸었는지 정보가 없다. 종료를 눌러야 나오는데…. 걸음을 가늠하지 못한 채로 계속 걸어야 하나 보다. 집으로 가기 전 10만 보 달성 시 버스를 탈 생각이었다. 그래, 그건 나중에 생각하자. 아직 한참 남았을 테니.

가을이 짙다. 거리마다 단풍이 한창이다. 서울과 경기도가 한 블록 차이로 이렇게 다르다. 서울은 이미 겨울로 접어들었는데, 아직 여기는 단풍 구경할 만하다.

꽤 졸리지만 걷기는 무난했다. 지난번처럼 분당에서 뻗어 노숙인처럼 의자에 드러눕지도 않았다. 토요일 오전 10시, 드디어 반환점인 광교호수공원에 도착했다. 하늘은 쾌청했고, 이 정도 컨디션이라면 부산까지도 가겠다고 허세를 부렸다. 그때뿐이었다. 지금이 제일 좋은 시간이었다는 것을, 나는 몰랐다. 돌아가는 길, 지금 생각해도 끔찍한 고행이 기다리고 있었다.

### 광교를 찍고, 다시 마포 집으로

막상 반환점을 돌고 잠시 쉬다 보니 오히려 피곤이 더 몰려왔다. 그보다도 잠이 쏟아졌다. 새벽 2시부터 걸었으니 그럴 만했다.

광교호수를 빠져나와 경기도청을 지나면 수원광교박물관이 나온다. 도시의 세련된 분위기 속에서 역사와 문화를 담은 공간이 자연스럽게 스며든 느낌이다.

걷다 보면 꼭 정해놓은 코스대로 가는 건 아니었다. 앞에 무언가 끌리는 장소가 보이면, 자연스럽게 발길이 그쪽으로 향했다. '지금 안 보면 언제 와서 보겠어?'라는 심정으로 원래 돌아가는 길로 잡았던 의왕시가 아니라, 광교산 고기리 유원지 방향으로 걸음을 틀었다.

한참을 걸었는데도 큰길이 보이지 않는다. 왠지 점점 산으로 들어가는 느낌이다. 오늘처럼 아주 긴 거리를 걸을 때는 절대 산을 타면 안 된다. 그런 계획은 전혀 없었다. 나는 다만 고기리유원지가 궁금했을 뿐인데, 다시 돌아가기엔 너무 먼 거리의 낮은 언덕을 한참 걸어와버렸다.

일단 더위를 식히고 목을 축이고 싶었다. 그래도 유원지 근처라 여기저기 맛집과 카페가 보인다. '그래, 여길 찾아오는 사람들이 설마 산을 넘어서 오지는 않았겠지? 저 앞에는 다시 큰길이 나올 거야.' 그렇게 스스로를 위로하며 가까운 카페로 들어갔다.

나는, 결국 오늘 세 개의 산을 넘고 말았다. 돌아갈까 말까 한참을 갈팡질팡하다가 '별로 높지 않아 보이는데 한번 올라가 볼까?' 하는 마음으로 걸음을 옮겼다. 하지만 막상 오르고 나니, 어디 빠져나갈 구멍도 없이 산길이 이어졌다. 결국 태봉산을 넘고, 응달산을 지나, 청계산까지 건너 과천으로 빠져나왔다.

'정말 미친 짓이지!'

걸으면서 이렇게 무릎이 아파본 적은 처음이었다. 무엇보다도 어둠에 길을 잃어 산속에 갇힐까 봐 더 빨리 산을 타고 내려오려 했다. 그 과정은 한 편의 치열한 인생 같았다.

드디어 과천 시내에 도착했다. 진이 다 빠져 움직이기조차 어려웠다. 누적 거리 69km 즈음에서 배터리가 꺼질 것 같다고 시계에서 알람이 울린다. 얼른 저장을 하고 핸드폰 앱으로 전환했다.

그즈음이면 충분히 10만 보를 달성했을 거라 생각하며 과천에서 집으로 가는 버스를 탔다. 버스 안에서 앱을 전환해 확인하니 9만 보라고 찍혔다. '헐! 산을 그렇게나 탔는데, 10만 보도 안 된다고?' 나중에 알았다. 산을 타면 오히려 걸음 수가 적게 나온다는 것을. 부리나케 사당에서 버스를 내렸다.

이제 마포까지 10km만 더 걸으면 충분히 10만 보는 달성할 수 있을 것 같았다. 가을의 정점에서 새벽에 본 한강을 다시 저녁 늦게 마주하니 반갑다. 왔던 길을 되돌아 바라보니, 짧은 하루가 그새 추억이 된다.

오늘의 10만 보, 평생 잊을 수 없는 하루. 이제 나도 배우 하정우 님과 친구가 될 수 있지 않을까? 혼자 키득대며 집에 도착하니, 난 또 가족으로부터 '미친놈'이 되어 있었다.

성남시 분당구 석운동의 '서애커피'. 어릴 때 추억이 떠오르는 멋진 소품으로 가득하다.

# HAENGJUDAEGYO
# GYEONGGIDO

경기도 행주대교

마포 > 서강대교 > 여의도 > 행주대교 >
마포로 이어지는

## 37.76km

청명한 가을 하늘 아래
아홉 개의 한강 다리를 지나며

'한적한 경기도 서부에서 서울을 바라보다.'

겨울맞이

마포 집에서 행주산성은 그리 멀지 않은 곳에 있다. 자동차로 20분이면 충분하고 많이 붐비지 않는 반면, 오래된 맛집이 많아서 종종 가는 편이다.
한강을 따라 김포 방향으로 행주산성을 직접 걸어서 가기로 했다. 하늘이 맑고 깊어, 걷기에는 더할 나위 없이 좋았다. 오늘은 2023년 12월 10일, 한창 겨울에 접어들어 추위로 숙성되어가는 하루다.

### 파라락, 싸리비로 쓸어 하늘은 맑다

서강대교를 건너 여의도로 들어갔다. 여의도 국회의사당 앞 여의도한강공원에 '소녀시대숲'이 있다. 지나갈 때는 몰랐는데, 나중에 사진을 정리하다 보니 공원 안에 K-POP 한류 가수들의 나무숲이 여럿 조성되어 있다는 것을 알았다.
반바지에 반팔로만 걷기에는 힘든 계절이 되었다. 조금만 추워도 나오기가 귀찮아진다. 지난 6개월간 미친 듯이 걸었지만, 겨울로 갈수록 횟수가 점점 줄고 있다. 걷기는 피로와의 싸움이 아니라 추워서 '나갈까, 말까?' 고민하는 귀찮음과의 전쟁이다.
한강 변 주변으로 겨울 갈대가 한창이다. 잿빛 갈색으로 물들어 하늘거린다. 그대로 손가락을 스친다. '파라락' 소리가 흥겹다. 한강 남단에서 바라본 건너편 자유로가 이름처럼 자유롭고 평화롭다. 한 번도 여의도에서 행주대교까지 걸어본 일이 없었기에 오늘이 '새롭다'.
방화대교를 지나 행주대교가 눈에 보인다. 주변에 개미 새끼 한 마리 안 보일 정도로 사람들이 없다. 고요하다. 어두

여의도한강공원. 하늘을 수돗물로 맑게 닦고,
싸리비로 쓸어 내린다.

살면서 행주대교를 걸어서 갈 일이 얼마나 있을까?
자전거 동호인도 힐끔 쳐다보더니, 휑하고 지나간다.

컴컴한 밤이었다면 엄청나게 무서웠을 게다. 강서한강공원에 도착했다. 여기는 서울 한강의 마지막 공원이어서인지, 모든 풍경이 황량하다.

행주대교를 건넌다. 행주산성에 직접 오르지는 않을 예정이다. 또 한참을 기어 올라가기에는 이미 오늘 코스도 40km에 가깝다. 산성까지 오른다면 산을 타는 것과 같아서 무리다 싶었다. 그냥 행주대교를 건너 다시 마포로 향할 생각이다.

행주산성 초입에는 자전거 부대가 한가득이다. 자전거 하이킹 코스의 끝 지점이라 그런지 자전거포도 많고, 간단히 허기를 채울 수 있는 국숫집도 여럿이다. 그중에서도 가장 유명하고 늘 대기 줄이 긴 '가나안 국수'를 먹고는 가봐야겠다. 막상 줄을 서니 생각보다 빠르게 웨이팅이 해소되었다. '그렇지. 잔치국수 먹는 데 얼마나 걸리겠어.' 그렇게 나도 초음속으로 젓가락질을 하고 다시 돌아가는 길에 올랐다.

마포대교, 서강대교, 당산철교, 양화대교, 성산대교. 가양대교 그리고 마곡철교와 방화대교, 행주대교까지. 서울 마포에서 경기도 김포로 가는 길에만 한강 다리가 아홉 개나 된다. 그 다리마다 끝에 서서 겨울 하루를 매만지고 돌아왔다. 돌아오는 길이 꽤나 경쾌했다. 그렇게 2023년이 저물어가고 있었다.

# JEONGNEUNG-
# DONG
# SEOUL

서울 정릉동

대흥동 > 아현동 > 광화문 > 인사동 > 혜화동 >
정릉 > 북악팔각정> 홍제동> 성산동 > 한강 고수부지 >
마포로 이어지는

## 41.33km

1980년대 떡볶이 맛을 찾아 떠난
하루

'정릉을 지나 북악으로.'

항상 그 어린 시절의 떡볶이가 그립다

드디어 2024년 새해가 밝았다. 지난 6개월간을 돌이켜보면, 정말 미친 듯이 걸었던 게 맞다. 이제는 겨울이라고 게으름이 하늘을 찌른다. 걷기에 미친 정신은 반쯤 사라졌는데, 이를 어떻게 살려야 하나 고민 중이다.
오늘은 떡볶이 맛집을 찾아 경로를 구성했다. 나이가 있다

다소 오래된 간판의 분식집이 늘 그렇듯 초등학교 바로 앞에 있었다.

보니 어렸을 적 떡볶이 맛을 그대로 간직한 식당이 그리워졌다. 1980년대 그 맛을 무어라 표현할 수 있을까? 굳이 기억을 짜낸다면, '조미료 가득한 맛?' 당시에는 모든 음식에 '미원'이 필수였으니 말이다. 100원에 10개, 200원어치만 시켜도 배불리 먹을 수 있었던 그 시절 그 떡볶이를 어디선가는 꼭 찾고야 말겠다는 일념으로 가득했다.

구글을 검색해보니 정릉동의 '숭덕분식'을 추천했다. 마포역에서 직선 코스로 11km. 왕복 20km 남짓인데 주변을 보니 북악팔각정이 보인다. 경로를 더 추가해 팔각정에서 성산까지 거쳐 돌아오면 대략 30km다.

서울 창덕궁. 매서운 바람에도 외국인 관광객이 많다.

1980년대 떡볶이 맛을 아는 세대는 현재 쉰 살에 가깝다. 그 나이에 그 시절 그 맛을 찾아 보물찾기를 하는 일은 드물다. 지천명(知天命)이면 하늘의 뜻을 알아야 하는데, 떡볶이 맛을 알고 싶으니 '지병명(知餠命)'이라 쓸까?

신발끈을 질끈 묶고 숭덕분식이 있는 서울 성북구 정릉로 27길로 향한다. 숭덕분식의 '숭덕'은 숭덕초등학교에서 따왔을 것이다. 1949년에 개교했으니, 숭덕분식은 그로부터 30년쯤 지나 생겼을 테다(since 1977).

## 2024년 첫 동네, 정릉동

마포에서 출발을 한다. 아현동, 인사동, 창덕궁과 서울대병원을 지나간다. 오전의 칼바람, 머리는 털모자로 가려도 뺨은 바람에 찰싹댄다. 붉어진 살갗 아래로 따뜻한 피가 아리는 1월, 오늘은 소한(小寒)이다.

혜화동로터리까지 오면 건너편 동성중학교 옆으로 혜화동성당이 보인다. 2006년에 결혼하기 전, 나는 다니던 교회를 잠시 접고, 성당을 다닌 이력이 있다. 아내와 결혼하려면 개종(改宗)을 해야 했고, 7개월 넘게 천주교 교리를 배운 후 세례를 받았다. 그리고 여기 혜화동성당은 성지순례 과정 중 한 곳으로 내 기억의 단편에 남아 있다.

혜화동을 벗어나 한성대입구역과 이어서 성신여대역까지 걸어왔다. 거기서 왼쪽으로 방향을 틀어 약 2km를 더 들어가니, 드디어 오늘의 메인 코스인 숭덕분식이 보인다. 자, 가게 안으로 들어가 볼까?

오전 9시에 출발했는데, 오후 1시가 다 되어 도착했다. 추운 토요일이라 그런지 손님이 없다. 노년의 남자 주인이 밀가루 떡을 매만지고 2대째 주방장인 그의 따님이 주문을 받는다. 주말이라 초등학생들이 없어 일반 떡볶이는 안 보인다. 즉석 떡볶이 1인분에 쫄면 사리를 넣고, 순대도 1인분 주문했다. 카드는 안 받는다. 현금이 없어 계좌로 송금했다.

떡볶이 맛은 좋았다. 끝내준다기보다는 짜지 않고 맛있다 정도? 그러나 내가 기대했던 1980년대 맛을 찾을 순 없었다. 즉석이라 그런가? 맛은 있으나 옛스러운 느낌은 부족했다. 그리고 솔직히, 엄청나게 걸어서 찾아올 정도는 아니다. 반면, 순대는 아주 좋았다. 퍼지지 않고 쫄깃함이 살아 있었다.

어제까지는 엄청 기대했고, 오늘은 '그래도 한 번 먹어봤으니 되었다. 맛은 있었다' 정도로 기록하려 한다. 손님이 북적대어 여기 여주인 특유의 '아주 재빠른 손놀림'을 보지는 못했으나, 떡볶이 장인으로서의 날카로움과 자부심은 느낄 수 있었다. 이제 두 번째 코스인 북악팔각정으로 이동해보자.

서울 혜화동로터리.
근대문화유산 등록문화재 제230호로 지정된 혜화동성당이 보인다.

백사실계곡에서 흘러 내린 맑은 물이 마을로 이어진다.
어느 집 대문에 '여기가 무릉도원'이라는
푯말이 걸려 있었는데, 절로 공감이 되었다.

## 청량하고 드높은 북악팔각정으로

북악산은 정릉을 지나 국민대학교를 마주 보고 이어진다. 이곳은 북악스카이웨이가 유명하고 북악터널과 북악팔각정 같은 명소가 있다.

올라가는 산길은 어렵지 않았다. 군데군데 눈이 얼어붙어 미끄럽기는 했다. 철책을 곁에 두고 오르다 보면 가끔 '멧돼지 조심' 문구가 펄럭인다. 설마, 멧돼지가 있을까?

팔각정에 다다르니 라이더들도 보이고, 연인들도 차로 이동해 쉬었다 간다. 북쪽으로는 북한산이 펼쳐지고 남쪽으로는 우측에 남산타워가, 좌측에 롯데월드타워가 자리를 지키고서 있다. 겨울이고 또 나름 고지대여서인지 청량감이 끝내준다. 한껏 겨울 공기를 마시고 눈앞에 펼쳐진 도심을 바라보니 머리와 가슴이 탁 트인다.

북악스카이웨이를 따라 내려오다 오른쪽 '백사실계곡'으로 빠졌다. 물이 졸졸 흐르는 계곡에 풍덩 빠지고 싶다는 생각이 든다. 어찌 이리 맑은지. 도롱뇽이 산다는데, 어디 있을까 쳐다보며 내려오니 어느덧 상명대학교가 보인다.

백사실계곡에서 흐르는 물이 암벽을 타고 미끄러져 나와 홍제천으로 이어진다. 상명대 학생들은 여름에 이 계곡에서 더위를 피하기에 정말 좋겠다는 생각을 해본다. 이제 마지막 코스, 홍제천을 따라 서대문으로 빠진다. 홍제 인공 폭포

를 지나 성산동으로, 그리고 다시 한강 고수부지로 나왔다. 어느새 아침은 저녁이 되었고, 눈이 오기 시작했다. 저 멀리 여의도는 눈발에 가려 달무리로 흐릿해진 홍콩을 바라보는 것 같다. 눈은 어느새 폭설이 되어가고, 나는 이제 마포에 도착했다.

1980년대 떡볶이 맛을 찾아 떠난 하루가 꿈같다. 전체

북쪽으로 보이는 북한산 형제봉과 아래 평창동 주택가.

40km 넘는 거리, 8시간 가까이 걸으면서 청명한 하늘과 몽롱한 눈발을 다 경험했다.

목표를 달성했으나 목적을 이루지는 못했으므로, 나는 다시 조만간 세상에 알려진, 그러나 내가 모르는 그 1980년대 떡볶이 맛을 보기 위해 보물찾기를 하련다. 생각만 해도 좋은 그것은, 독특한 '행복'으로 오늘 밤 꿈이 될 것 같다.

# SEONGSUDONG
# SEOUL

서울 성수동

마포 > 반포대교 > 중랑천 > 성수대교 > 성수동 >
왕십리 > 동대문 > 시청 > 아현동 > 마포로 이어지는

## 34.84km

비 오는 요일에는
커피 한잔을 위한 걸음

'비 오는 겨울, 오늘도 걷기.'

커피나 마시러 갈까?

1월, 겨울의 한복판이라 옷차림은 두툼할 대로 두툼했다. 이런 날 걷는다는 것은 땀보다 추위로 인한 망설임이 더 크다. 그래서 아예 걷기를 '목표 달성하기'로 바꿨다. 요즘 가장 핫하다는 동네에 가서 멋진 커피 한잔을 마시고 오는 거다. 목적지를 성수동으로 정했다.

그래, 커피는 성수동이지!

내 젊은 날 성수동은 공장 많은 스산한 동네 중 하나였다. 평일 늦은 저녁은 물론이고 주말에는 공장 주변이 한산해 오늘날 같은 카페나 맛집은 거의 찾아볼 수 없었다. 그러다가 2010년부터 공장이나 정미소 건물을 문화·예술인들이 하나둘 구매해 예술의 거리로 만든 것이 오늘날 성수동을 핫 플레이스로 변화시켰다. 그러고 보면 틀림없이 경제 발전은 문화 발전의 후행인 것 같다.

특히, 커피를 보면 그렇다. 커피의 성지처럼 '성수동' 하면 '대림창고'가 가장 먼저 생각난다. 이 또한 옛날이야기라고 할 수 있겠지만, 그만큼 '대림창고 갤러리 카페'의 역할은 매우 컸다. 더 살펴보자면 대림창고는 1970년대에 정미소로 사용되다 1990년대에는 창고, 2011년에 들어서야 지금의 갤러리로 변모했다. 연간 50만 명 이상이 방문한다고 하니 성수동의 메카라 할 수 있을 것 같다.

> '성수동뿐만은 아니지.
> 가깝게는 문래동도 그렇고,
> 을지로도 그렇다.'

이전에 영등포구 문래동을 걸을 때도 비슷한 느낌이었다.

영등포역 주변으로는 아직도 철공소가 많은데, 이것들을 하나둘씩 카페나 음식점으로 개조하면서 많은 젊은이가 찾게 되었다. 그보다 앞서 예술인들이 정착했던 것도 성수동의 발전과 맥을 같이한다.

오늘 걷기 코스는 간결하다. 한강 고수부지를 따라 뚝섬역까지 걸은 다음, 성수동에서 가장 유명하다는 커피집 '로우키'에 들러 커피 한잔을 마실 예정이다. 그리고 왕십리를 거쳐 서울시청까지 온 후, 마포역으로 돌아오는 코스다. 지도를 보면 둥글게 단순한 코스이지만, 대충 잡아도 25km가 넘는다. '오늘도 걷다가 켁 죽어볼까나?'

## 비가 올 듯 말 듯

아직은 하늘에 구름만 잔뜩이라 크게 날씨 걱정 없이 집을 나섰다. 오늘 최저기온은 영하 1℃, 최고기온은 5℃라 강추위는 아니지만, 그래도 저녁이 되면 어떨지 몰라 오리털 패딩으로 중무장했다.

마포역에서 한강으로 빠져나가는 길이 여럿 있는데, 마포구 도화동의 '마포종점나들목'은 새롭게 개축 준비를 하느라 입구를 막아놨다. 하는 수 없이 빙 돌아 청암자이아파트 육교를 건너 한강 고수부지로 내려갔다. 육교 위에서 바라본

어둑어둑한 하늘이 곧 비를 뿌렸다. 겨울비다.

비 내리는 성수동은 스산해 보인다.

여의도는 푸르른 잿빛으로 '나, 겨울이야'라며 계절을 말한다. '그래, 알고 있단다.' 나도 한마디 하고는 늘 그렇듯이 터벅터벅 걸어갔다.

가을까지 보이던 갈대는 어느새 땅속으로 들어가 앉았다. 잠시 추위를 피하러 간 녀석은 봄이 되어야 얼굴을 빼꼼 내밀 것이다. 앙상한 나뭇가지마다 철이 들려고 겨울의 시련을 묵묵히 참아내고 있는 게 보인다. 걸으면서도 풀대를 한참 째려보니 여름에도 오고 가을에도 온 녀석이 겨울에 또 왔냐고 나에게 따진다. 피식 웃는다. 혼자 상상하는 시간이 누구에게도 없을 중년의 행복으로 다가온다.

반포대교를 지나 한남대교, 동호대교에 이르니 어느새 하늘은 빗줄기로 가득하다. 두툼한 옷도 빗물을 이겨내지 못하고 축축하게 젖어간다. 강변북로에서 동부간선도로로 이어지는 중랑천을 만났다. 이왕 맞은 비를 내가 다 끌어안겠다고 뚝심 있게 말을 걸었다. 나에게 무슨 소리를 하는 것 같았는데, 빗소리에 묻혀 아무 소리도 들리질 않았다. '그래, 중랑천아! 너도 네 갈 길을 가거라. 나도 내 갈 길을 가련다.'

## 비를 흠뻑 맞고

드디어 성수동에 도착했다. 비가 이렇게 내리는데, 여기저기 우산 하나를 쓰고 젊은 연인들이 데이트를 한다. 그 둘 중 하나는 분명 나처럼 비를 맞고 있으리라. 잿빛 하늘에도 성수동은 사랑스럽다.

와이프와 결혼하기 전, 회사 앞에서 둘이 점심 식사를 하고 나오는데 갑자기 비가 옴팡 쏟아진 적이 있다. 다행히 우산을 가지고 온 나는 내 왼쪽 어깨를 비에 다 적시고, 와이프에게 우산을 씌어주어 환심을 샀더랬다. 그래, 그것은 그 상황에서 누구나 할 수 있는 의도된 친절이었지. 지금 보니 나만큼이나 비에 젖은 남자들은 눈에 띄지 않는다. '로맨스를 모르는 녀석들'이라고 혼자 중얼거리며, 누가 봐도 비렁뱅이인 나는 온몸에 비를 맞은 채 로우키로 걸어 들어갔다.

다행히도 나를 쫓아내지는 않았다. '아! 여기 커피집 좋구나!' 마시기도 전에 나는 벌써 그곳이 좋아졌다. 빗물이 뚝뚝 흘러 일단 밖에서 대충 털고 들어왔는데도 바닥이 흥건해졌다. 카운터에서는 보이지가 않나 보다. 나만 혼자 미안해하며 커피를 주문한다. "여기 시그너처 드립으로 한 잔 주세요." 그래, 여기까지 왔으니 시그너처 정도는 먹어줘야겠지. 커피가 나왔는데, 진짜 감탄하며 마셨다.

이런 집은 널리널리 알릴 필요가 있다. 개인적으로 아무 관계도 없지만, 좋은 커피를 접할 수 있는 누군가에게는 소소한 기쁨이 될 테니 말이다.

밤이 생각보다 일찍 찾아왔다. 더 어둑해지기 전에, 더 빠른 걸음으로 집으로 돌아간다. 비가 그치고 나니 추위가 더 세게 아려온다. 덜덜덜 떨며 걷는다. 여름에 걷는 것보다 몇 배는 더 힘든 것 같다. 물리적 고통보다도 '따뜻한 전기장판 위에서 실컷 잠이나 자고 싶다' 하는 식의 잡념이 머릿속을 어지럽힌다.

왕십리를 떠나 동대문을 지난다. 은색의 DDP(동대문디자인플라자)가 미지의 세계에서 온 우주선처럼 인적이 뜸한 지구에 정착해 있다. 사진을 한 컷 찍고 나니 손이 얼어서 덜덜 떨린다. 이제 사진 찍기는 그만두고, 마지막 발걸음에 집중해야겠다.

오늘 다녀온 성수동을 밝은 봄날에 다시 한번 찾아가런다. 내 기억 속 메모리가 온통 회색빛이다. 채색된 성수동에서 정상적인 모습으로 커피 한잔을 해야겠다.

우주선을 닮은 동대문디자인플라자 건물.

# BUPYEONG
# GYEONGGIDO

경기도 부평

마포 〉 여의도 〉 영등포 〉 구로 〉 개봉 〉 소사 〉
부천 〉 송내 〉 부평으로 이어지는

## 27.3km

삶의 희로애락이 가득한
떡볶이를 먹으러

"우리의 맛집은 어떤 모녀의 인생.
부평 '모녀떡볶이'를 찾아서."

떡볶이 찾아 3만 리

얼마 전부터 서울 떡볶이 맛집 도장 깨기를 하고 있었다. 그런 와중에 진정한 떡볶이는 서울이 아닌 부평에 있다는 첩보를 받았다. 다음 워킹 코스는 자연스럽게 부평으로 결정했다.

그래. 나는 일단 부평으로 가야겠다는 생각이 들었다. 마침 어디를 걸을지 고민하고 있던 차에 권지영이 말하는 '모녀떡볶이'도 먹어볼 겸 다녀오자고 생각했다. 왕복으로 걸어갔다가 돌아오기에는 꽤나 멀었다. 무려 48.8km. 아무래도 왕복은 무리일 듯싶다. 지난주 성수동 일정이 생각보다 힘들었는지 아직 내 몸에 쌓인 젖산이 채 빠지지 않은 상태였다. 오늘은 편도로 걷는 게 좋을 것 같다.

### 마포대교를 건너 영등포로

여의도 일대가 훤히 보이는 마포대교에 올라섰다. 날씨는 흐리고 중간에 비가 올 수 있어 보였다. 엄청 추운 날씨는 아니지만 혹시 모르니 두툼한 오리털 패딩을 입었다. 이상 기온 탓일까? 2024년 1월, 올겨울은 그리 춥지가 않다. 가끔 변덕을 부려 영하 10℃까지 내려갈 때도 있지만, 대체로 영상의 날씨였다. 그래서 흐린 날인데도 눈보다는 비가 많이 온다. 오늘도 왠지 겨울비 하루가 될 듯싶다. 그리고 역시, 우산은 없다.

마포대교를 걷다 보면 동상 하나가 나온다. 평소에도 '이 동상은 아마 자살 방지를 위해 기획한 걸 거야'라는 생각을 했는데, 뒤늦게 검색해보니 역시 그렇다. 자기 인생을 한 번

'여보게 친구야. 한 번만 더 생각해보게나'라고 적힌
'한 번만 더' 동상.

더 생각해보라고 꼬집는 친구의 동상인데, 얼핏 보면 괴롭히는 모습 같기도 하다.

우울해하는 친구의 볼을 꼬집으며 "야! 정신 차려!"라고 나 또한 말할 것 같다. 동상은 그런 느낌이겠지 싶었다. 따듯한 말도 중요하고 따끔한 말도 중요하다. 때로는 그냥 뒤통수 한 대 치며 "야! 뭔 궁상이야! 밥이나 먹자"라고 하는 동창 녀석의 툭 던지는 말이 위로가 될 때도 있다. 진짜 우울한 것은, 아무 말도 없는 그대와 나 아니겠는가?

휴일의 여의도는 한층 더 을씨년스럽다. 한두 방울 비가 오더니 이내 눈이 되어 내린다. 붉은색 소매를 자랑하는 '파크원(더 현대 서울)' 건물을 지나 영등포로 향했다. 이미 임무를 마친 따릉이들이 전경련회관(지금의 한경협) 앞에서 일렬로 휴식을 취하고 있다. 저 끝에 보이는 광장아파트는 여의도가 개발된 세월만큼이나 오랜 나이를 자랑한다. 생김새도 유니크한 것이 멋스럽다.

영등포를 지나 신도림으로 빠지니 다시 빗방울로 바뀐다. 크게 개의치 않고 비를 벗 삼아 부평으로 걷는다. 지난여름 가장 뜨거운 날, 나는 부천에서 마포까지 걸어온 적이 있다. 그리고 지금은 그 반대로 부평을 향해 걷는다. 내가 걸었던 길을 다시 만나니 서로 반갑다. 처음 가는 부평 길이 낯설지 않다.

## 시(市)와 시(市)의 경계선은 항상 외롭다

고척스카이돔에 도착했다. 그 넓은 광장에 사람이 없다. 봄이 올 때까지 누구라도 찾아오길 목 빠지게 기다리고 있을 네가 마치 나 같다.

"외로움은 한순간이니까, 어깨를 세우렴."

외로움은 한순간이다. 그러니까 어깨를 너무 낮출 필요는 없단다. 또 너의 시간이 오면, 가장 떠들썩한 모습으로 뜨거운 계절을 보낼 테니까. 그렇게 서로 이야기를 주거니 받거니, 돔구장을 건너 이제 개봉을 지난다.
부천에서 마포로 걸어올 때에도 깨달았지만, 인천에서 마포, 다시 구리까지 이어지는 길은 경인로만 따라가면 된다. 아주 쉽다.
사실 인천과 서울이 가깝기는 하나, 그 경계선 하나에 큰 차이가 있다. 시와 시의 경계선은 이전에도 몇 번 경험했지만 굉장히 조용하고, 쓸쓸하고, 모든 면에서 가장 낙후되어 있다. 처음에는 몰랐지만 곰곰이 생각해보니, 그곳은 서울과 붙어 있다고 하더라도 인천의 가장 끝이었던 거다.
중심을 벗어나면 모든 게 대체로 낡고 조용한 것은 비단 인천만은 아니었던 듯싶다. 행주대교의 서울과 고양시가 그랬고, 망우리고개의 서울과 구리시가 그랬고, 양재의 끝과 대왕저수지를 거쳐 넘어가는 판교가 그랬던 것 같다. 그 경계의 선을 걸어서 왔다 갔다 하는 경험은 결코 쉽게 겪는 일은 아닐 것이다. 늘 묘한 기분이 든다.

구로를 막 빠져나가면 역곡을 가기 전, 유한양행이 세운 고등학교와 대학교를 지난다. 유한양행이 워낙 좋은 기업으로 정평이 나 있어서인지 여기 학원들도 왠지 믿음이 간다.

### 부평 가는 길, 비가 오니 낭만이다

이제 인천 권역으로 넘어왔다. 역곡, 소사를 지나 부천까지는 경인로 대로변을 따라 계속 걸었다. 송내로 가기 전, 도로가 협소한 길로 빠졌다. 인천 지하철 옆길로 걸었더니 발의 피로감이 커졌다. 길이 평평하지 않으면 약간의 각도 차이로 걷는 발의 중심이 무너진다.

그동안 깨달은 것은 평평한 길을 오래 걷는다고 무릎이 나가지는 않는다는 것이다. 가장 큰 어려움은 역시 피로감에 따른 간과 신장의 문제다. 그러니까 내부 요인에 따른 부상이 있을 수 있는데, 오래 걸어보지 않는 이상 잘 모를 수 있다.

어쩌면 이렇게 오랫동안 동네를 걸어다니며 사진과 글을 남기는 나는, 굉장히 유니크한 스토리를 갖고 있는 작가 중

한 명이 될 수 있을 것 같다. 그것은 지금껏 나에게는 없었던 최초의 매력이다.

### 부평 시그너처, 모녀떡볶이

드디어 부평에 들어섰다. 소곤소곤 내리는 비를 다 맞고 왔더니, 옷이 흠뻑 젖어 있다. 툴툴 털어버리고 건물 안으로 들어가야 한다. 저 멀리 오늘의 목적지인 모녀떡볶이가 보인다. 나이 불문, 손님들이 참 많다. 다들 밖에서 대기 중이다. '이런, 나처럼 멀리서 걸어온 손님에게 주는 특혜, 이런 것은 없을까?'

식당 문 왼편은 매장 손님 줄, 오른편은 포장 손님 줄이다. 매장은 매우 협소해 대여섯 자리에서만 손님을 받을 수 있다. 그나마 혼자 온지라, 저 끝 정수기 앞 구석진 자리에 금방 들어가 앉을 수 있었다. 이제 드디어 서울이 아닌 인천 3대 떡볶이를 먹어볼 수 있다.

떡볶이와 어묵, 김말이와 만두를 주문한다. 이 외에 다른 것은 없다. 순대 정도가 있는데, 한참을 찌고 있는 중이다. 금방 동이 난 듯싶다. 특히 여기는 만두가 유명한데, 나를 마지막으로 다음 손님은 무려 40분을 기다려야 한다고 한다. 여러모로 멀리서 온 나를 배려하는 듯했다.

가랑비가 내리는데도 모녀떡볶이 매장 앞에는 줄 서 있는 사람들로 바글바글하다.

진짜 야끼만두는 예술이다!
인생 만두다!

떡볶이 간은 센 편이다. 그러나 짠 듯하지만 짜지는 않았다. 매워서 못 먹을 정도는 아니고, 그냥 맛있다. 분석하기도 어렵다. 이 맛은 너무나 독특해서 무얼 넣었을지 감도 안 잡힌다.

그리고 만두! 만두는 정말 예술이다. 야끼만두가 별거 있겠냐만은, 여기 야끼만두는 밀가루가 좋은 건지, 반죽을 잘한 건지, 아니면 방금 튀겨서인지 정말 맛있다.

모녀떡볶이는 돌아가신 어머니를 이어 딸 둘과 며느님이 운영한다고 한다. 2대에 걸친 부평의 이 조그만 분식점에 그녀들의 삶과 희로애락이 가득 차 있겠지? 37년간 모녀떡볶이를 찾아온 모든 사람의 행복도 곁들여서 말이다.


### 부평의 밤을 마음에 담고 오다

먼 길을 걸어온 부평 모녀떡볶이에 아주 만족하고 금방 일어섰다. 다음 손님을 받아주는 일은, 먼저 온 손님이 알아서 눈치껏 일어나주어야 가능한 일이다.

돌아가는 길이 어두워지고 있다. 발목이 시큰하다. 한 달 동안 주마다 40km씩 걸었더니 온몸의 피곤이 가시질 않는다. 아무래도 오늘은 편도 여행이 당연했을 듯싶다. 무리하면 다음 걷기가 불가능하니까.

누구나 가봤을 부평을, 여러 시의 경계를 가로질러 걸어온 이야기를 이쯤에서 마무리한다. 누군가에게는 미친 일을 나는 너무나 행복하게 하고 있다.

돌아가는 광역버스를 검색하는데, 이미 온 거리가 어둑한 잿빛으로 가득하다.

역곡을 지나 부천. 부천을 지나 송내. 송내를 지나 부평으로 가는 길은
낮은 집과 오래된 골목이 소곤댄다.

# NAMHAN-
# SANSEONG

남한산성

마포 > 반포대교 > 잠실 > 마천 > 위례 > 남한산성 >
광주 > 문정동 > 삼성동으로 이어지는

## 44.7km

남한산성은
남한산 꼭대기에 있었다

"남한산성에서 낯선 남한산을 만나다."

### 38광땡, 가장 강력한 족보(足步)

오늘 '미친 듯이' 걷기의 목적지는 남한산성이다. 마포 집에서 출발해 한강 고수부지를 타고 잠실을 거쳐 지하철 5호선의 끝, 마천동과 위례를 지날 예정이다. 총거리는 왕복 64km이며, 남한산성을 지나 카페 한 곳과 음식점 한 곳을 다녀오려 한다.

한강 고수부지의 갈대숲.
갈색은 '갈대의 색'이라는 뜻일까?

날씨는 어중간한, 그러나 비가 오거나 눈이 올 수도 있는 겨울의 끝자락이다. 날이 애매해서 두껍게 입기도, 얇게 입기도 선택하기 어렵다. 혹시 눈이라도 내릴 가능성을 대비해 얇은 패딩 위에 털 점퍼를 하나 걸쳤는데, 결과적으로는 탁월한 선택이었다.

집을 나와 용강동(龍江洞)으로 빠진다. 용강동은 마포강의 용머리에 해당하는데, 옛부터 고깃집이 많았다고 한다. 지금도 '마포'하면 고깃집 골목이 떠오르고, 특히 돼지갈비로 유명한 '조박집'이 있다.

## 한강에 봄이 오다

한강 고수부지의 토정나들목으로 나와 반포대교 방면으로 걷는다. 바람은 없고 춥지도 않다. 그래서일까? 지난 12월과 1월 사이 한동안 보이지 않던 자전거 부대가 부쩍 늘어났다. 걷다 보면 가끔 조심해야 할 사람들이 있다. 자전거 경주를 하는 것도 아닌데 규정 속도를 넘어 굉장히 위험하게 달리는 사람들. 자기에게는 락(樂)일 수 있어도, 배려심 없는 마음은 악(惡) 그 자체다.

겨울이 끝나기 전 한강 고수부지는 각종 공사가 한창이다. 얼어붙은 땅이 풀려 가끔 진창길이 나오고, 피해 가려다 풀을 밟은 김에 멈추어 수풀 속으로도 들어갔다. 갈대가 반긴다. 색이 푸르러야 봄인 줄 알겠는데, 갈대는 여전히 갈색이다.

마포에서 반포대교까지 거리는 약 7km. 어디에서든 반포까지 오면, '아! 이제 7km만 걸으면 집이구나' 생각한다. 반포대교 가는 길이 울퉁불퉁한 게 내 신발 같다. 둘의 인생이 닮았다.

반포대교 아래 잠수교는 매주 일요일 통행을 막고 '걷고 싶은 거리'를 연다. 늦은 여름부터 늦가을까지 열리는데, 각종 행사를 구경하며 힐링이 되는 코스 중 하나다.

걷기를 시작하면서 잠수교도 참 많이 건너봤다. 바로 눈앞에서 한강 물이 울렁대면, 태양빛에 비치는 물결이 그렇게 아름다울 수 없다. 꼭 꽃이 아닐지라도 "자세히 보아야 이쁘다".

반포대교를 건너 한남대교, 성수대교를 지나 잠실대교까지 한달음에 왔다. 이제 남한산성까지 9km 남짓 남았다. 시원한 바람이 평평한 길을 따라 나를 스치고 저만치 간다. 뜨거운 여름보다는 걷는 것이 한결 수월하다.

### 잠실의 추억

잠실한강공원의 진·출입로를 나와 잠실로 빠졌다. 큰길을 두고 일부러 잠실주공5단지아파트 뒷길로 간다. 잠실5단지는 잠실 장미아파트와 더불어 가장 오래되었으며, 재건축을 기다리는 잠실의 랜드마크 격인 아파트다.

30년 전, 신천역(지금의 잠실새내역) 근처에서 미대 입시 학원을 다닌 적이 있다. 생각해보니 500원짜리 부산어묵도 그때 처음 먹어본 듯하다. 저녁 식사 시간이 따로 없어 후다닥 어묵만 먹고 들어가던 시절, 잠실5단지에 사는 사람들이 얼마나 부러웠는지 모른다. 잘사는 동네인 잠실5단지 학생들을 보며 '저 친구가 나였으면' 하는 바람을 가진 적도 있었다.

잠실 롯데월드와 석촌호수. 바람 쐬러 나온 청소년들이 많다

잠실주공아파트 후미진 뒷길에 전동 킥보드 한 대가 놓여 있다.
타는 곳도, 내리는 곳도 아닌데, 누가 가져다 놓았을까?

세월이 흘러 이제 아파트 뒤편으로는 쓰레기도 많고, 철조망도 많이 낡았다. 아파트 뒤편의 주차장은 넓은 편이었는데, 곳곳의 오래된 소나무와 함께 느린 풍경을 만들어내고 있었다. 덩그러니 놓여 있는 킥보드를 보니, 사람들이 다니지도 않는 거리에 그냥 두고 간 심보가 얄궂다.

잠실 롯데월드를 끼고 석촌호수 왼편으로 돌았다. 몇백 미터를 지나 오른쪽 방이동과 오류동으로 빠졌다. 이제 직진 코스로만 걸으면 된다. 지금까지 남한산성을 가본 적은 없지만, 보이지도 않는 성곽이 벌써부터 눈에 아른거린다.

### 남한산성은, 남한산에 있었다

사실 오늘 메인 목적지는 남한산성이 아니다. 커피를 만드는 지인이 남한산성 근방에 좋은 커피집이 있다고 추천해주었는데, 남한산성을 가로질러 코스를 잡았을 뿐이다. 그러니까 그 커피 한잔을 마시겠다고 장장 30km 넘는 거리를 걸어서 가는 중이니, 누가 봐도 미친 짓이다. 결국 남한산성이 어디에 있고 어떻게 생겼는지 전혀 모른 채 왔다는 것이 가장 큰 난관이 되었다. 낙산처럼 그저 동네 성곽 정도로만 생각했었다.

"도대체 남한산성은 어디에 있는 거야?"

마천을 지나 위례로 빠지니, 저 앞에 산이 하나 보였다. 맵의 이동 코스가 산을 가리키는데, 도통 감이 오질 않았다. '저 산을 타고 오르라는 걸까?' 동네 어귀부터 산성의 윤곽이 눈에 보일 줄 알았는데, 산성 그림자 한 톨도 보이지 않았다. 맵은 저 산을 오르라 한다.

"헉! 남한산성이 남한산에 있었어?"

전혀 눈치채지 못했다. 남한산성이 남한산에 있다는 사실을. 나는 지금까지 단 한 번도 '남한산'에 대해 생각해본 적이 없다. 북한산은 당연하게 생각하면서도, 왜 남한산은 상상 한 번 못 해봤을까?

수원 시내에 있는 수원산성처럼, 남한산성도 마을 어귀에 어스름히 있을 거란 착각은 도대체 누가 만들어준 것일까? '에휴, 큰일이다. 집에서부터 여기까지 28km를 걸어왔는데, 갑자기 산을 오르라니…'

마을을 지나 드디어 남한산 어귀에 도착했다. '하남위례길'이라는 게시판이 붙어 있다. 거리가 멀지는 않은데, 남한산성이 산꼭대기를 중심으로 감싸고 있다. 그러니까, 지금 내가 있는 위치는 남한산성 입장에서 보면 침략자가 서 있는

드디어 남한산성 '서문'이다.
서문을 통과해 남한산성도립공원으로 들어선다.

서로의 상처와 영광은 같다. 누군가는 밟혔고,
누군가는 밟았고. 참 열심히 걸었다.

곳이다. '그래, 산을 어렵게 타고 올라가면 저 꼭대기에서 산성이 막고 있겠구나.'

문제는 내가 산에 오를 준비가 전혀 안 되어 있다는 점이다. 운동화 밑창은 다 떨어져서 마찰력 하나 없고, 게다가 산길에 쌓인 낙엽은 눈과 비에 젖어 상당히 미끄러웠다. 왜 이놈의 맵은 자꾸 최단거리만 먼저 보여주는지. 맵이 알려주는 대로만 걷다 보면 나는 어느새 '자연인'이 되곤 한다. 지금도 그렇다. '여기가 어디야?' 싶을 정도로 발은 쭉쭉 미끄러지는데, 자꾸 험한 산길 위로만 올라가란다. 희미하게 길이 있는 것 같기는 한데, 사람 발을 안 탄 지 몇 개월은 되어 보였다.

안 되겠다 싶어서 다시 내려왔다. 맵을 안 보고 주변 이정표를 따라 다시 오르니 제대로 된 계단이 나온다. 몇몇 분이 헉헉대면서 내려오는데, 올라가는 나는 얼마나 더 헉헉댈까 싶다. 발이 저리다 못 해 힘이 없으니 계단에서도 잘 미끄러진다. 내가 신고 있는 신발은 오늘 생명을 다 할 듯싶다. '그래, 이 녀석 지금까지 정말 고생 많이 했지.' 이 신발 하나로 2,000km 넘게 걸었으니 말이다. 드디어 남한산성 성곽이 보이기 시작한다. 마지막 계단을 힘써 올랐다.

생각지 못했지만 결국 남한산을 넘어 남한산성에 도착했다. 얼음으로 일부 덮인 길이라서 더욱 조심조심 걸었다. 성곽을 따라 반 바퀴를 돌아 내려왔다. 주변에 음식점도 많고,

앞의 2차선 도로가 다음 코스를 가리킨다.

경기도 광주로 내려갔다. 5km만 더 가면 드디어 목적지인 '아라비카 커피집'이 나온다. 바람은 차갑고 태양은 없다. 그리고 어느새 날도 저물어간다. 이 길을 따라 나는 다시 돌아갈 수 있을까? 우선 몸도 녹일 겸 다른 생각은 접어두고 커피집에 들어섰다. 그리고 따뜻한 커피 한 잔을 주문했다.

밤이 오다

이제 슬슬 집으로 돌아갈 시간이다. 이미 늦은 오후 시간대라 걸어서 가기에는 자신이 없다. 저 산을 또다시 넘다가는 밤중에 산속에서 귀신을 만날 것 같다. 오늘 목적지가 두 군데이므로, 마지막 목적지까지는 버스나 지하철을 이용하기로 했다. 온전히 걷지를 못해 아쉬웠다. 그러다 이 외진 곳에 버스가 있을까 걱정도 되었다.

오늘 하루가 참 길다. 커피 한 잔 마시고 떡볶이 한 접시 먹는 데 장장 40km를 넘게 걸었다. 커피는 준수했고, 두 번째 목적지에서 먹은 떡볶이는 '서울 3대장 떡볶이집'이라고 하는데 그저 그랬다.

돌아가는 길에 조금 더 걸었다. 문정동에서 가락시장으로, 그리고 다시 헬리오시티를 지나 탄천을 걷는다. 밤은 어둑

바리스타 지인 한 분이 추천해준 커피집.
숲속 카페 초입에 있는 나무 간판이 인상적이다.

하고 저 너머 롯데월드 타워가 네온으로 환하다. 밤이 되니 추워졌다. 아침에 고민하고 선택했던 털 점퍼가 빛을 발한다. 삼성역에 도착했다. 너무 늦어지니 집에서 언제 오냐고 전화가 온다.

"어! 나 버스 타고 가고 있어. 곧 도착해!"

아직도 한참이 남았는데, 안심을 시켜주려던 것이었을까? 아니면, 여전히 혼날까 봐서였을까? 혼자 키득거리며 버스를 기다린다. 밤이 깊어갔다.

# BUKGAJWADONG
# SEOUL

서울 북가좌동

대흥동 > 서울함공원 > 불광천 > 증산역 > 북가좌2동 >
홍제천 > 동교동 > 연남동 > 대흥동으로 이어지는

## 22.37km

걷고 싶지만,
떡볶이도 먹고 싶어

"나는 어렸을 때부터 떡볶이를 너무나 좋아했다.
하지만 엄마의 떡볶이는 기억에 별로 없다."

고백

엄마의 음식 솜씨는 대한민국 제일이다(이건 진심이다). 하지만 솔직히 엄마가 해주신 떡볶이는 그다지 맛이 없었다(이것도 진심이다). 정말 맛있었던 떡볶이는 오락실에 가서 실컷 놀고 난 후 집으로 돌아가던 중 급하게 사 먹었던 포장마차

떡볶이였다. 100원에 열 개, 그래서 200원어치만 먹어도 배가 엄청 불렀다. 혼나기 전에 들어갔어야 했는데도, 숭덩숭덩 20개를 다 먹고 일어나면 그렇게 행복할 수가 없었다.

## 갈 곳 찾기

걷다 보면, 매번 어느 동네를 갈까 고민한다. 맛집을 찾아서 결정할 때도 많다. 떡볶이를 좋아하는 나는 지역에서 소문난 떡볶이집을 찾아 동네를 결정한 적도 벌써 여러 번이다. 충정로의 '철길떡볶이', 강남역의 '이쁜 할머니네 떡볶이', 남가좌동의 '신흥떡볶이', 문정동의 '골목떡볶이', 이수동의 '애플하우스', 정릉동의 '숭덕분식' 그리고 부평의 '모녀떡볶이'까지. 실제 소문만큼 다 맛있었던 것은 아니었고, 순위를 매기자면 '모녀떡볶이'가 제일이었다.

검색을 했다. '떡볶이, 어디가 맛집이야?' 그동안 내가 안 가봤던 동네를 중심으로 찾아봤다. '북가좌동? 가좌동의 북쪽이지?' 처음 가보는 동네였다. 북가좌동 최고의 떡볶이집은 '맛있는 집'이라고 나왔다. 상호명이 '맛있는 집'이다. 사진을 보니 반지하 주택 건물인데, 일단 여기를 목표로 해서 전체 코스를 디자인했다.

떡볶이를 먹으러 가는 일은 중요하다. 결국 나를 그 동네로 인도하니까. 걷다 보면 그대로 직진하는 경우는 없다. 좁은 골목이 나오면 일부러 비집고 들어가 본다. 내(川)가 나오면 괜히 거기까지 돌아가서 사진을 찍는다. 한 발 한 발 그 동네를 밟다 보면, '언젠가는 누군가 들어주겠지' 하면서 수십 년 내내 외면받았던 땅바닥의 이야기들이 내 귀에 들어온다.

## 내가 미친 듯이 걷는 이유

집을 나섰다. 딸아이는 학원에 가고, 아내는 성당엘 갔다. 이제는 주일에 내가 나가든 말든, 아내는 크게 신경을 쓰지 않는 것 같다. 처음에 약속했던 1년간의 걷기 프로젝트가 이제 4개월도 채 남지 않았다. 딱 1년만 하고 그만둘 거라 다짐을 했었다. 하지만 그만둘 수가 있나? 걷기를 멈출 마음은 없다. 지금은 맞고, 그때는 틀리다. 오히려 이제는 가족과 함께 걷고 싶다는 마음이 커졌다. 정적인 아내를 움직일 수 있을까? 딸이라면 가능하지 않을까? 요즘은 걸으면서 늘 그 생각이다. 내 DNA의 절반을 갖고 있는 딸이라면, 가능할 수도 있겠다는 생각이 들었다. 그리고 그 생각은 틀리지 않았다.

"미친 듯이 걸으면, 내게 어떤 변화가 올까?"

정말 순수한 궁금증이었다. 목표는 없었다. 얼마만큼을 걷겠다, 몇 킬로그램을 빼겠다, 심지어 이렇게 글을 쓰게 되리라고는 전혀 생각지도 못했다. 그저 1년을 미친 듯이 걸으면 무엇이 변해 있을지 너무 궁금했다. 그래서 시작했고, 정말 미친 듯이 걸어왔던 것 같다. 이제 1년을 채우기까지 4개월이 채 남지 않았다. 기록으로 보면 2,000km가 훌쩍 넘는다. 무엇이 내게 주어지고 있는지, 변화되고 있는지 감이 오지 않았다.

### 절두산을 지나 북가좌동으로

한강나들목을 빠져나와 성산대교 방면으로 걸었다. 오늘은 태양빛이 은은하다. 여의도 건물들도 오래간만에 한강 물로 세수를 한다. 자기의 비친 모습을 보고 좋아한다. 아직 날이 싸늘하지만 봄이 얼마 남지 않았다.
양화대교 남단에는 머리에 삿갓을 쓴 것 같은 건물이 언덕 위에 우뚝 서 있는 모습을 볼 수 있다. '절두산 순교 성지'다. 나는 결혼 전, 천주교 신자가 되기 위해 약 7개월간 천주교 교리 교육을 받은 적이 있다. 그때 명동성당의 수녀님께서

순례를 목적으로 교육생들을 이곳 절두산 성지에 데려왔는데, 그게 벌써 17년 전 일이다. 그 뒤로는 다시 따로 와본 적이 없었고, 이렇게 한강 고수부지를 걸을 때마다 옛 추억을 떠올린다.

절두산은 '머리가 잘린 산'이란 의미 이전에, 한강에서 가장 경치가 아름다운 곳 중 하나였다. 밤에 보는 절두산 성지는 엄중함을 넘어 고즈넉한 온화함으로 세상을 풍요롭게 한다. 나는 그 광경을 보면서 때로는 잊었던 기도를 하곤 한다.

'평화를 빕니다.'

양화대교 북단을 지나 성산대교로 향한다. 가는 도중 가장 눈에 띄는 것이 서울함공원의 '서울함'이다. 1985년 건조되어 취역한 대한민국 최초의 국산 호위함이다. 가까이서 보면 웅장함과 정교함에 감탄하게 된다. 길이는 100미터가 넘고 승조원도 최대 105명까지 태울 수 있다.

성산대교 북단을 지나면 곧바로 한강으로 합류하는 홍제천을 만난다. 홍제천을 따라 약 700미터를 올라가면 불광천과 합류하는 성산교가 나온다. 오늘은 홍제천과 합류하는 불광천으로 빠졌다. 불광천 변을 따라 한참을 걸어 6호선 증산역까지 간 뒤, 불광천 도로 위로 올라왔다. 이제 북가좌동 마을로 들어가야 한다.

서울 마포구 합정동의 절두산 순교 성지.

'맛있는 집'을 찾아서

오늘의 목적지인 '맛있는 집'은 북가좌2동 내 빼곡히 들어찬 주택들 한가운데에 있다. 핸드폰으로 지도를 이리저리 굴려가며 주소를 찾아갔다. 북가좌2동 대부분의 도로명은 '거북골로' 불리는데, 조선 후기 종실 인사 '화산군 이연 신도비(花山君 李浹 神道碑, 서울시 유형문화재 제41호)'의 거북 받침

서대문구 거북골로20길 55 지하 1층.
'맛있는 집'은 반지하라 자칫 지나치기 쉽다.

돌에서 유래한 것이라고 한다. 또한 북가좌2동은 동네 전체에 다세대주택이 밀집해 있다. 돌아다니다 보니 여기가 저기 같고, 저기가 여기 같았다. 한참을 헤매도 '맛있는 집'은 쉽게 발견되지 않았다. 다시 걸어온 길을 돌아가다 반지하 주택 건물에 간판도 없는, 불 꺼진 음식점을 하나 발견했다. 맛은 있는데, 간판은 없는 '맛있는 집'이었다.

"아뿔싸! 문을 닫았네?"

닭 대신 꿩?

불이 꺼져 있고 간판도 없는 데다 반지하이다 보니 그냥 지나쳤던 거다. 오늘은 쉬는 날도 아니고, 왜 쉬는지 문에 적혀 있지도 않았다. 분명 인터넷 정보에는 '연중무휴'로 되어 있었다. 기운이 쭈욱 빠졌다. 아쉽지만 떡볶이 시식은 포기해야 했다. 오후 12시가 넘어가니 배가 고파지기 시작했다. 동네를 막 빠져나오려는 순간, 음식점 간판 하나가 눈에 들어왔다. 뭐랄까, 정말 수수한데 엄청 호기심이 생기는 메뉴? 일본 라멘집이다. 정보도 없이 와서 들어갈까 말까 하다가, 정말 아무 생각 없이 들어갔다.
그리고 나는 인생 라멘을 만났다.

## 집으로 가는 길

북가좌동을 나와 불광천으로 내려왔다. 그리고 오전에 왔던 길로 돌아간다. 월드컵경기장을 지나 홍제천과 만나는 갈림길에서, 나는 이제 홍제천을 따라 걸었다. 날씨가 좋으니 예전에 걸었던 길도 새롭다. 동교동의 유명 카페에 들러 커피 한잔을 하고 싶었다. 그 순간, 딸아이의 전화가 걸려왔다.

"아빠! 언제 와?"
"어! 아빠 이제 들어가고 있어. 조금만 기다려.
맛있는 거 사 갈게!"

전화를 끊고 커피 마실 생각을 접었다. 그리고 방금 전 지나쳤던 도넛 가게에 들어갔다. 한가득 사 들고 나왔다. 아빠가 떡볶이를 먹지 못한 하루를, 딸아이가 도넛을 먹는 하루로 만드는 것도 괜찮을 듯싶었다. 여기 '올드페리도넛'이 유명하다는 건 진작부터 알고 있었다. 내심 기뻐할 딸아이 모습을 상상하니 기분이 좋았다. 집을 떠나온 아침보다, 집으로 가는 길이 더 즐거웠다.

백로 한 마리가 겨울이 가는 것을 아쉬워하듯 서 있다.
증산역 부근에서 돌다리를 건너 불광천 길로 올라왔다.

# SEOCHON
# HANOK VILLAGE

서촌한옥마을

마포 > 충정로 > 정동길 > 인사동 > 경복궁 >
서촌한옥마을 > 수성동계곡 > 부암동 > 독립문 > 아현동 >
마포로 이어지는

## 20.51km

느릿한 걸음으로
너른 등의 뒤를 따르다 보면 깨닫는 것

정동길 돌담을 따라 걷는 것만큼 정감 있는 곳은 없다.

"봄, 서촌을 가다."

나는 이제 서울의 북촌한옥마을보다 '서촌한옥마을'을 더 사랑하게 될 것 같다. '기억에 없는 장소'라고 가보지 않은 장소는 아니다. 서촌이 그렇다. 언제였을까? 내가 서촌이라는 곳을 다녀온 기억은 까마득하다.

### 걷기의 마지막 계절, 봄이 오다

목적지는 애당초 없었다. 오늘은 무턱대고 나왔다. 자주 가던 방향이 아닌 다른 방향으로 걸었고, 계속 걷다 보니 익숙한 곳을 지나 또 익숙지 않은 곳이 다가왔다.

옷은 두꺼웠지만, 봄은 확실히 오고 있었다. 1년간 걸으면서 사계절을 지났다. 봄은 그 마지막 계절이 되었다. 3월의 셋째 날, 마포 염리동 숭문길로 들어섰다. 새 학기를 앞둔 숭문중학교는 왠지 부산스럽다.

동네 언덕을 따라 올랐다. 염리동은 대부분 새 아파트들이 자리를 잡고 있었다. 여남은 낡은 주택들은 골목마다 삶의 기록을 담은 채 '봄'을 품고 있다. 지나가는 아주머니, 자전거를 타고 가는 아가씨가 자기 삶의 먼지 한 톨을 땅에 떨어뜨리면, 길은 고스란히 그것을 자기 배 위에 얹고 이야기를 만

들어간다. 염리동 숭문길은 내가 사는 집 근처에 있어도, 오늘 처음 걸어보았다. 근처의 길을 섭렵하려면 먼 동네를 나중으로 미루어야 하는데, 나는 그러질 못했다. 그래도 이 길은 가까운 곳이라는 이유만으로도 덜 낯설어서 편하다.

숭문길 언덕 끝에서 이대역을 지나 아현동으로 갔다. 이대역과 아현역 사이 고갯길은 예전에 미용실과 웨딩숍이 많았다. 한마디로 '웨딩타운 길'이었다. 하지만 지금은 숍들이 많이 사라지고 없다. 결혼하는 사람들이 적어지고, 행복으로 반짝여야 할 웨딩타운 길이 좀 많이 쓸쓸해 보였다.


### 정동길, 아빠의 꿈

아현역과 충정로를 지나 덕수궁 돌담길로 잘 알려진 정동길로 잠시 빠졌다. 정동길을 따라 걷다 보면 이화여자고등학교가 나온다. 딸아이에게 학교 사진을 찍어 보냈다. "뭥미?" 딸의 문자 답변에, "엉, 우리 딸 내년에 들어갔으면 싶은 고등학교, 아빠의 꿈!"이라고 다시 문자를 보냈다. "헐~" 하더니, 더 이상 답이 없다. 싫은가 보다. 자기가 내신 깔아줄 일 있냐고 전에 그러더니만, 아빠의 마음보다도 현실을 더 따지는 딸아이를 칭찬해주어야 할지, 아쉽다고 해야 할지. 그래도 사진 찍어 보내면 마음이 동할 줄 알았는데, 전혀 효

인사동 거리를 활보하는 외국 관광객들.

과가 없었다.

온 김에 정동길을 따라 시청까지 걸었다. 아내에게 "당신 회사" 하고, 시청 사진을 찍어 보냈더니 역시 발끈한다. '누가 주말에 자기 회사 사진 찍어 보내면 좋아하겠냐?' 나는 키득키득 웃으며, 두 모녀의 모진 답변을 뒤로하고 인사동을 거쳐 경복궁으로 향했다.

정동길의 돌담을 따라 걷는 것만큼 정감 있는 곳은 없다.


### 인사동, 경복궁을 지나 서촌엘 가다

정말 봄이 왔나 보다. 인사동에 사람들이 가득하다. 확실히 외국인 관광객도 많아지고, 인종도 다양하다. 예전에는 중국인이 많았는데, 지금은 유럽, 미주, 일본 할 것 없이 많은 곳에서 한국을 방문한다. 인사동이 인사동다워졌달까? 3년 전 코로나19가 한창 기승일 때, 나는 인사동이 망하는 줄 알았다. 낮에도 그렇고, 특히 밤에는 9시도 안 되어 거리에 사람이 한 명도 없었다. 그런 인사동에 3년 만에 다시 봄이 왔다.

인사동에서 율곡로를 건너 송현동으로 갔다. 덕성여자중·고등학교가 있고, 정독도서관이 있고, 북촌한옥마을이 있는 곳이다. 그곳엔 100년간 사용하지 못한 부지가 있었는데,

여기서는 잘 보이지 않던 인왕산이…

해태 뒤에서는 잘 보인다.
저 앞 인왕산 자락에 갑자기 끌렸다.

LH공사가 2022년에 그곳을 사들여 '열린송현녹지광장'으로 만들었다. 시원하게 펼쳐진 광장 사이로 북악산이 한눈에 들어온다.

열린송현녹지광장은 바로 옆 경복궁과 이어진다. 여기도 많은 사람이 광화문 앞에서 사진을 찍느라 여념이 없다. 나는 그들과는 다르게 '해태' 뒤에서 사진을 찍었다. 그런데 경복궁 너머로 인왕산이 보인다. '어라? 저쪽으로 한 번 가볼까?' 어떤 끌림이 순간적으로 왔다. 나는 보통 그것을 따르는 편이다. 모든 순간은 인연이라 생각한다. 그리고 서촌을 만났다.

### 서촌 속으로

서촌으로 들어서는 입구는 맛집으로 가득하다. 분당이나 성수동 카페 거리처럼 정갈하고 세련된 매장들은 아니지만, 옛스러움과 아기자기함이 어우러져 서촌만의 감성을 만들어냈다. 조금 더 안쪽으로 들어가면, 기와로 엉킨 건물들이 골목길 양쪽으로 펼쳐져 있다.

서촌은 경복궁 서쪽 지역을 말한다. 북촌과 다른 느낌이라면, 조금 더 서민적이고 덜 알려졌다는 것이다. 예부터 북촌은 관직 높은 관리와 양반들이 모여 살던 곳인 반면, 서촌

서울 종로구 자하문로 1나길 골목이 정갈하고, 서정적이다.

서촌에는 독특한 카페, 빵집이 옹기종기 모여 있었다.

은 통역관이나 의술에 종사하는 중인과 예술인들이 모여 살던 동네다. 그래서 서촌이 더 정감 있고, 편안해지는 기분이 들었던 것 같다.

서촌 거리는 정비가 잘되어 있어 걷기에 좋았다. 단단한 돌바닥일지라도 내딛는 걸음이 사뿐했다. 또 골목 안 집집마다 카페와 빵집, 음식점이 종종거리며 모여 있다.

볼거리가 많다 보니 걷는 재미도 쏠쏠하다. 서촌 통인시장은 재미로 엽전을 구입해 음식을 사 먹을 수 있도록 했다. 엽전으로 도시락 뷔페도 먹을 수 있었다.

통인시장을 구경하고(기름떡볶이는 취향이 아니라 먹지 않았다) 옥인동으로 건너갔다. 옥인동은 인왕산으로 올라가기 위해 거쳐야 하는 '옥류동천'의 '수성동계곡'으로 이어지는 동네다. 올라가는 길에 작은 갤러리나 옷 가게, 잡화점을 만날 수 있는데, 동네가 원체 조용하고 인왕산에 붙어 있다 보니 도심과는 확연히 다른 느낌을 주었다. 봄바람에 어린 시절이 가슴을 파고드는 그리움 같은 것? 순수한 동네의 느낌이다.

서촌을 전부 돌지는 못했다. 광화문 해태 뒤에서 바라본 인왕산이 이제 코앞에 있다. 옥인동 끝에는 1980년에 준공한 옥인연립과 마을버스 정류장이 있다. 거기서 수성동계곡이 시작된다.

동네 어르신의 뒤를 느릿한 걸음으로 따라갔다. 평생 남을 제치고 앞서려 했던 마음이 부질없게 느껴졌다. 어르신의 인생을 바라보며 뒤를 좇아 걷노라면 여러 생각에 빠진다. 푹 빠진다. 이런 시간이 아니라면, 나는 언제 초로의 인생 뒤에서 깨달음을 얻을 수 있을까?

### 서촌에서 꿈을 꾸다

이제 수성동계곡을 넘어 인왕산 자락을 타고 부암동으로 걸었다. 예전에 바리스타 한 분이 추천해준 '더숲초소책방'을 이번 기회에 가보기로 했다. 차들도, 사람들도 많아 간단하게 빵 하나와 커피 한 잔을 시켰지만 오래 있지는 못했다. 맛은 생각보다 별로였다. 서울 시내가 한눈에 보이는 경치가 좋아서, 또는 내부 시설이 좋아서 올 수는 있는 곳이다. 빵은 오히려 서촌에서 먹는 것이 더 나았을 거라 생각했다.

부암동을 통해 세검정으로 내려왔다. 여기는 익숙하다. 두 달 전, 세검정을 걸었던 적이 있다. 누군가에게 꼭 소개하고 픈 길이다(결국 나는 이 코스를 회사 지인들에게 소개하고, 함께 걸었다. 그리고 엄청난 칭찬을 받았다).

돌아갈 시간이 되었다. 서촌에 봄의 향기가 완연해지려면 앞으로 한 달은 더 있어야 할 듯싶다. 진짜 봄의 서촌과 인왕산은 어떨까? 궁금해진다.

# GARIBONGDONG
# SEOUL

서울 가리봉동

마포 > 여의도 > 도림천 > 구로디지털단지 > 가리봉동 >
구로 > 영등포 > 여의도 > 마포로 이어지는

## 26.03km

내가 태어난 그곳에서
삶의 이정표를 찍어보다

'내가 태어난 곳'

어쩌면 나의 마지막 목적지는 이미 정해져 있지 않았을까 생각했다. 막연하게 어렸을 때부터 궁금했으나 차마 묻지 못했던 장소가 있다. 내가 태어난 곳, 꼭 가보고 싶었던 곳, 그러나 가지 못했던 곳.

"가리봉동"

살아본 적은 없었다. 그저 내가 태어난 동네였다는 것만 들어서 알고 있었다. 그러다가 어른이 되어, 나는 왜 하필 전혀 연고도 없고 살아본 적도 없는 가리봉동에서 태어났을까 궁금했다. 하지만 그것을 굳이 엄마에게 물어보진 않았다. 물어볼 수 없었다.

엄마와 나는 나이 차가 '열아홉 살'이 난다. 그러니까 최소한 고등학교 3학년 또는 막 졸업하고서 나를 낳지 않았을까 싶다. 물론 엄마의 주민등록번호가 잘못되었을 수도 있지만, 그 아래 삼촌들의 나이를 봐도 엄마의 실제 나이는 고작 한두 살 정도 달라질 거였다. 아주 어릴 때는 엄마가 젊다는 생각을 못 했다. 그러다 성인이 된 후 '아! 엄마가 나를 너무 일찍 낳으셨네? 엄마가 나를 사고 쳐서 낳으셨나 보다'라고 막연한 추측을 했다. 우리 집에는 엄마 아빠의 결혼식 사진이 없다.

내가 가리봉동에서 태어났다는 사실을 안 것은 아주 어렸을 때다. 하지만 그리 중요하지는 않았다. 늘 "본적(本籍)은 어디니?" "사는 집은 어디니?"가 묻는 말의 다였고, 태어난 곳을 묻는 이는 없었다. 그러던 어느 날, 부모님의 과거가 궁금해졌다. 그리고 내가 태어난 동네가 1960~1970년대 수많은 여공(女工)들이 일했던 구로공단이었다는 것을 알았다. '엄마는 학교를 졸업하자마자 구로공단에서 일을 하게 된 건가? 거기서 아빠를 만나 나를 낳았나 보다.' 여기까지 생각이 미치니 더 물어보기가 뻘쭘해졌다. 하지만 그런 사실

여의도의 모든 풍경이 파스텔 톤의 하늘과 어우러져 봄을 만끽하고 있다.

들이 창피하거나 하지는 않았다.
가리봉동은 구로동과 가산동 사이에 조그맣게 자리잡은 곳이다.

여의도, 찬란한 봄

4월의 마지막 주. 진짜 '봄'이다. 날씨도 정말 좋았다. 하늘은 어쩜 이렇게 파스텔 톤일까? 확실히 추운 겨울보다는 발걸음이 훨씬 가벼워졌다. 마포대로를 지나다니는 차들이 한적하다. 건너편에 길을 막았던 흔적이 있는 것을 보니 마라톤 대회가 있었나 보다. 강변북로에도 차들이 별로 없다. 다들 시외로 놀러 간 걸까, 아니면 일요일이라 교회를 갔을까? 마포대교에서 바라보는 모든 것이 여유롭고 찬란하다.
여의도를 지나는데, 한 무리의 아마추어 마라토너가 몰려온다. 대회를 마치고 돌아가는 모양새다. 원래 일요일의 여의도는 매우 조용한 편이지만, 오늘은 왁자지껄해서 좋았다. 여의도를 지나 서울교를 건넌다. 서울교의 사자 동상이 봄을 깨우듯 힘차게 포효하고 있다.

### 영등포, 낡음과 익숙함 사이

영등포역에 도착했다. 영등포가 주는 막연한 느낌은 낡거나 오래됨이다. 그 둘을 안고 익숙해지는 데는 시간이 필요하다. 지난 1년여 동안 이곳을 여러 차례 지나가면서 눈에 담으려고 노력을 많이 했지만, 영등포의 낡은 키치(kitsch)는 여전히 익숙하지 않다. 최근 도시 재개발과 현대화로 더 깨끗하고 세련되게 변화하고 있지만, 그럼에도 불구하고 여전히 오래된 정취를 잃지 않고 있다.
오늘은 경인로에서 한 블록 정도 뒷골목으로 빠졌다. 일요일은 대부분 문 닫은 공업사들뿐이고, 골목에는 지나다니는 사람 한 명 없이 적막했다. 그래도 봄이 왔다고 그 낡은 색마저 부드럽게 느껴진다. 사진을 찍는다. 녹슨 문도 찍고, 세워져 있는 리어카도 찍었다. 붉은 벽돌 담벼락에는 세월이 그대로 묻어 있다. 이 공간을 전혀 모르는 이들을 위해, 나는 탐험가가 된다.

큰 도로에서 벗어나 영등포 뒷골목으로 빠졌다. 골목 사진을 자주 찍는 편이다. 낡음과 오래됨, 흔적과 세월, 그리고 모든 삶의 이야기가 숨어 있기 때문이다.

### 도림천을 걷다, 구로

신도림역, 도림교를 건너다 잠시 멈췄다. 도림교 아래로 도림천이 흐른다. 걸어보지 않은 길이다. '그래, 날도 좋은데. 항상 내 가슴이 원하는 대로 걸었으니까.' 그대로 도림천으로 내려갔다.

물이 맑지는 않았다. 하수구 냄새가 옅게 나는 것은 어찌할 수 없다. 도심 여기저기의 하수구가 도림천에 연결되어 있기 때문이다. 그 와중에도 큰 메기 두 마리가 물속을 휘젓고 다닌다.

천변 위로 고가가 길게 이어져 그늘을 만들어주고 비를 피할 수도 있다. 그동안 걸었던 홍제천이나 불광천, 양재천에

'컷트' 4,000원. 1만 원이면
두 번을 깎고도 남는다.

비해 도림천은 긴 터널을 지나는 느낌이었다.

약 3km를 걸어 구로디지털단지역 근처에서 지상으로 올라왔다. 이곳은 개인적으로 익숙하다. 협력사 몇 곳이 단지 내에 위치하고 있어 나름 자주 온 편이다. 생각해보니 그렇게 많이 왔으면서도 가리봉동에는 한 번도 가보질 못했다. 바로 코앞인데 말이다.


### 가리봉동, 50년 만의 해후

구로디지털단지도 국가 산업 지구라 주말에는 한적한 편이다. 이마트 구로점을 지나 디지털로를 따라 드디어 가리봉동으로 들어섰다. 겨우 1km 남짓이다. 이렇게 가까운 곳을 50년 만에 찾아왔다. 거리 분위기가 영등포역 뒷골목처럼 익숙지 않은 낡은 풍경으로 바뀌었다.

사전에 지도를 미리 보고 왔지만, 동네 구석구석을 돌아다니는 데 시간이 많이 지났다. 대부분 평지는 별로 없고, 골목마다 비탈길이다. 도로는 협소하고 울퉁불퉁한 모습으로 낡은 집들을 이어주고 있었다. 집 밖과 안이 구분 안 될 정도로 낡은 가리봉동은 지난날 엄마와 나의 가난한 탄생을 투영하는 듯했다. '여기 어딘가 내가 태어난 산부인과가 있었을 텐데' 하면서 두리번거렸지만, 50년이 흐른 지금 그 흔적을 찾기란 무리였다. 일단, 사람들이 복작거릴 만한 가리봉시장으로 발길을 옮겼다.

가리봉시장으로 가기 전, 골목 입구에 안내판이 보였다. 순간 멈칫했다. 안내판에는 연도순으로 가리봉동 내 공단의

1960~1970년대 여공들의 사진을 한참 동안 뚫어지게 쳐다보았다.
그들 속에서 왠지 젊고 예쁜 엄마의 모습을 보지 않을까 두려웠다.
그래, 그것은 설렘이 아닌 두려움이다.

도로 이름은 '디지털로'이지만,
실제 생활 터전은 매우 아날로그적이다.

온 거리가 한자 간판으로 가득하다.

역사와 여공들의 사진이 있었다. 뚫어지게 쳐다보았다. 그저 막연하게, '엄마가 저곳에 있을까?' 상상을 하며, 그 시절 그들의 모습을 눈에 담았다. 나는 한참을 뭉클한 기분으로, '화려한 4월의 봄'을 잊은 채 서 있었다.

### 연변 도시가 된, 가리봉동

가리봉시장에 들어섰다. 생각보다 사람이 많지 않았다. 시장은 크지 않고 곳곳에 중국어 간판이 걸려 있었다. 시장을 빠져나와 큰 도로로 나서니, 한국이라고는 생각하기 힘든 풍경이 펼쳐졌다.
생각을 못 했다. 영화에서 봤을 법한 도시와 거리, 한글 간판보다 더 많은 한자. 맵을 켜보니, 이름 자체가 '가리봉 연변 거리'다. 예전 한국 영화 〈범죄 도시〉의 배경이 된 곳이란다. 깊게 생각을 못 했는데, 갑자기 이질감이 물살을 타고 내 안에 들어온다.
하지만 다시 찬찬히 둘러보니 거리 풍경은 생각보다 험악한 느낌이 없었다. 대신 여느 식당마다 시끌벅적한 중국어 대화 소리가 밖에까지 흘러나왔다.
군데군데 해진 한국어 간판과 중국어 간판, '서울이 아닌 듯한 이질감'이 내가 태어난 동네라는 감정을 더욱 낯설게

만들고 있었다. 여기서 엄마의 과거를 찾고, 나의 탄생을 대입시키기는 힘들었다. 이미 가리봉동은 과거 내가 태어난 곳과는 정서적으로 먼 장소가 되어버렸다.


### 인생에 없을, 점 하나를 찍고 오다

그래도 의미 있는 시간이었다. 나중에는 가리봉동 자체가 재개발되면서, 다른 동네에 편입될 수도 있을 것 같다. 그래서 잘 왔다. 언젠가 사라질 '몰디브'처럼, 언젠가는 없어질 것 같은 '가리봉동'에서 모히토 한잔을 해야 할까? 돌아오는 내내 서울이 아닌 서울에서 하루를 보내고 온 듯했다.
자기가 태어난 곳에 점찍듯 이정표를 남기고 올 일은 평생 없을 수도 있다. 미친 듯이 걷다 보니 생각하게 되었고, 또 다녀오니 잘했다는 생각이 든다. 소멸하는 메모리를 마지막에라도 남긴 듯하다. 돌아오는 길에는 구로동을 샅샅이 걸었다. 가리봉시장보다 좀 더 복잡한 구로시장엘 들어간다. 여기도 곳곳에 한자 간판이 있다.
도림천을 넘어 영등포역 뒷길보다 두 블록 더 떨어진 뒷길로 돌아갔다. 1년 동안 서울 시내를 온전히 돌았어도, 한 치의 발끝만 옮기면 신세계다.

가리봉시장 입구.
간판에 한자를 병기했다.

# GODEOKDONG
# SEOUL

서울 고덕동

마포 > 원효대교 > 천호대교 > 천호동 > 길동 > 명일동 > 상일동 > 고덕동으로 이어지는

## 31.76km

꿈꿀 수 있었던
그곳으로

한강대교 북단에서 바라본 노들섬 전경

## 내가 가장 행복했던 곳

눈을 감으면 누구나 아련해지는 시절이 있다. 내게는 1984년 초등학교 3학년 겨울방학부터 5학년 봄까지가 그 시간들이었다. 40년이 훌쩍 지난 오늘, 나는 걸어서 그곳으로 간다.

"고덕동"

### 6월보다 좋은 5월

오늘 날씨가 너무 좋다. 6월보다 좋은 5월. 세상에서 녹색이 가장 화려한 계절, 창문을 열면 푸르른 나무들이 찬란한 몸매를 뽐낸다. 며칠 전부터 마음이 설렜다. 마음만 먹으면 얼마든지 갈 수 있었던 동네일 텐데, 지금에서야 나는 찾아간다. 그 설렘이 내 눈에 보이는 모든 것을 아름답게 만들었는지도 모르겠다. 2024년 5월 19일, 오늘 나는 '고덕동'에 간다. 어렸을 때, 참 가난하게 살았다. 부모님을 생각하면, 가난 때문에 아픈 기억도 많았을 것 같다. 난 그 가난을 뒤로하고 도망쳐 나온 첫 번째 아들이었고, 그것이 처음이자 마지막 불효이기를 바랐다. 그러한 부모님 인생에도 딱 한 번 '우리 집'을 가졌을 때가 있었다. 초등학교 3학년 12월에서 5학년 5월까지의 시절이다. 꼭 우리 집이어서가 아니라 그 동네에서 뛰어놀고 공부하던 시절이 내내 꿈같았다.

1984년 서울 강동구 고덕동은 고덕주공아파트를 중심으로 대단지 아파트들이 들어섰다. 주공1단지부터 9단지까지 총 1만 세대가 넘었으니, 고덕주공은 잠실이나 둔촌 주공에 못지않았다. 내가 살던 아파트는 현재 상일동역 8번 출구와 맞붙어 있는 고덕주공3단지였다. 지금은 명일공원이라는 이름이 붙은 뒷동산은 겨울이면 비닐 포대로 눈썰매 타기에 아주 좋은 장소였고, 평소에는 매일같이 '오징어가이상' 게임을 하며 밤이 오는 줄도 모르고 놀았다.

그 시절을 생각하면, 독특한 기억들이 너무나 많다. 토지 개발이 한창 진행되고 도로가 생기던 때라 산을 파헤친 지역이 많았고, 온 산속을 돌아다니며 수정을 캐서 맛보고 놀던 기억도 생생하다. 왜 그렇게 흙에서 막 파낸 수정 돌을 맛봤는지 모르겠다. 시큼한 맛이 나는지에 따라 서로 좋은 돌이네 아니네 하면서 논쟁을 했고, 수정 돌을 물속에 집어넣으면 자란다고 해서 어항에 담가놓고 매일같이 얼마나 컸는지 확인하고 그랬었다.

또 하나 기억에 많이 남는 것이, 학교에서 집으로 돌아오는 길에 꼭 중앙 차선을 밟으며 걸었던 일이다. 인도를 내버려둔 채 애들하고 차도 한가운데로 걷다가, 그 노란 선을 벗어나면 "지옥불"이라며 낄낄대던 일. 그리고 어떤 아저씨가 전

단지를 2단지하고 3단지에 다 돌리면 1,000원을 주겠다고 해서 애들하고 낑낑거리며 전부 돌렸는데, 겨우 500원을 줘서 그 돈으로 아이스크림을 사 먹었던 일. 당시 우리 아파트는 5층짜리라 명일동 삼익아파트까지 한참을 걸어가서 엘리베이터 타고 놀던 일 등등.

공부도 꽤나 잘했었다. 4학년 여름 기말고사 끝나고였나? 선생님은 기말고사 전체 과목에서 10개 이내로 틀린 애들을 한 명씩 불러내 반 친구들 앞에서 칭찬해주었는데, 나도 그때 칭찬을 받고 우쭐대던 기억이 생생하다. "지난번 시험은 몇 개 틀렸었지?"라는 선생님 질문에, "스물한 개요!"라고 대답했더니, 우레와 같은 박수가 쏟아졌었다. 그때 내가 좋아하던 여자애는 일곱 개를 틀렸는데, 그 애 앞에 떳떳하게 설 수 있어서 좋았던 감정이 지금도 남아 있다. 인기도 많았었다. 학교나 집 근처 놀이터에서 테니스공으로 '짬뽕'을 하고 놀 때면 친구들이 항상 나를 자기 편으로 데려가려고 했다. 그 기분으로 애들을 즐겁게 해주고, 공부도 잘해야겠다는 생각을 많이 했었다.

고덕동은 그렇게 내 인생을 최고로 만들어준 동네였다. 그런데 5학년 봄, 어린이날이 지나고 얼마 안 있다가 우리는 전에 살던 동네로 갑자기 이사를 갔다. 그 찬란한 5월이 너무나 행복했었는데, 전학 가는 6월은 너무나 참혹했다. 캄캄해서 앞도 잘 보이지 않는 반지하 주택으로 이사를 간 이후, 나는 초등학교 내내 비뚤어질 대로 비뚤어졌다. '왜? 왜 우리 집을 놔두고 남의 집, 그것도 반지하로 이사를 와야 하는 건데?' 나는 정말, 정말 이해가 안 되었다. 그렇게 공부도 잘했고, 애들한테 인기도 많았는데. 지금도 그 마지막 5월, 여자 짝꿍이 이사 가는 날 짜장면을 사주겠다고 말하던 모습이 눈에 선하다. 그 찬란했던 고덕의 봄이 아직도 나는 꿈만 같다.


## 5월, 14개의 한강 다리를 품다

오늘은 한강 고수부지를 통해 천호대교까지 걸은 다음, 천호동으로 넘어가 고덕동엘 갈 계획이다.

걷거나, 자전거를 타거나 또는 뛰기에 더할 나위 없이 좋은 계절이다. 모든 사람이 5월의 봄을 만끽하고 있다. 저마다 한강에 나온 목적은 다르지만, 모두 행복을 뿜어냈다. 하늘은 구름 한 점 없이 맑고, 공기도 깨끗하다.

작년 6월부터 걸었으니 이제 곧 1년이 된다. 그 1년 동안 운동화를 몇 번 바꿨다. 운동화를 이렇게 짧은 기간 동안 여러 켤레 바꾼 적이 없었다. 나의 기록이고 영광이다.

구름 한 점 없는 것까지는 좋은데, 또 오랫동안 걷다 보니 더워지기 시작했다. 아침 최저기온은 16℃였지만, 오후 최고

옥수역을 지나 중랑천과 한강이 합류하는 지점의
한강공원. 다년생인 금계국이 가득 피었다

기온은 무려 27℃였다. 온도 차이가 10℃를 넘었다. 한강대교를 지나 동작대교, 그리고 반포대교로 걷는다. 가는 길에 '금영화'가 한창이다. 보통 8월에 핀다고 하는데, 이 녀석들은 성격이 급한 모양이다.

동호대교를 지나면서부터는 길이 조금 낙후되어 있어 뛰거나 걷는 사람이 별로 없었다. 걷다 보니 한강공원 내에서도 제각각 코스가 있고 유턴 지역이 있다는 걸 알았다. 보통 반포대교에서 한강대교를 왔다 갔다 하거나, 마포대교에서 성산대교를 왔다 갔다 한다. 그 외 지역은 조금 어둡거나 길이 협소하다. 그리고 성수대교와 영동대교를 지나 뚝섬 지역으로 들어서면 다시 활발해진다. 동네마다 한강으로 나오는 나들목과 공원 위치에 따라 운동 코스가 정해져 있는 듯하다.

### 중랑천과 뚝섬을 지나 천호대교로

중랑천과 한강의 합류 지점에 '용비쉼터'라는 휴게소가 있다. 이곳은 자전거 라이더들의 필수 쉼터다. 북쪽, 동쪽, 서쪽에서 오는 모든 라이더의 합류 지점이면서 자전거를 거치하고 쉴 수 있는 공간이 매우 넓은 편이다. 중랑천의 하얀 물줄기가 힘차게 한강으로 빠진다. 중랑천교를 넘어서 성수대교를 향해 걸었다. 가는 길에 나무 그늘이 없어서 땀이 계속 흘렀다. 성수대교 북단은 서울숲과 이어지는데, 맘 같아서는 서울숲에도 들러보고 싶었다. 하지만 아직 고덕동까지는 반도 가질 못했다. 성수대교를 지나 영동대교까지 오는데 약 15km를 걸었다. 오후 12시를 넘어가자 태양이 머리 위에서 작렬했다. 5월의 한낮도 여름 못지않게 푹푹 쪘다.

영동대교를 지나 뚝섬유원지에 도착했다. 나무 그늘 아래 사람들이 나들이를 나와 옹기종기 봄을 즐기고 있었다. 어린애들을 보니, 딸아이가 생각난다. 이제는 저렇게 데리고 나와서 놀 수 있는 시절이 지났다. 세월 참 빠르기도 하고 야속하다는 표현은 이때 쓰는 건가 보다.

뚝섬유원지를 지나서 천호대교까지 걷는 것은 처음이다. 뚝섬유원지는 전체 길이가 11km에 달할 정도로 엄청나게 크다. 한참을 걸어도 그 끝이 보이질 않았다. 공원 내 인공 폭포를 시작으로 암벽등반, 수영장, 각종 체육 시설 그리고 뚝섬을 대표하는 전시관인 '뚝섬자벌레'를 지나 장미정원까지 걸었다.

장미정원을 지나니 마지막으로 보이는 윈드서핑장이 이국적인 느낌을 주었다. '와! 서울에 이런 곳이 있구나!' 더욱 놀랐던 것은 그곳을 이용하는 사람들을 보고 나서였다. 검게 그을린 탄탄한 몸에 슬리퍼를 질질 끌고, 마실 나온 듯 자연스럽게 서핑을 즐기는 모습은 새로운 문화 충격이었다. 서핑장을 한 바퀴 돌아보고, 다시 잠실대교, 잠실철교, 올림

한강 오리배가 손님을 기다린다. 날씨가 너무 더워서 타다가 기절할 듯하다.

천호대교는 32개의 한강 다리 중 9번째로 건설되었다(1976년 완공).

픽대교를 지나 천호대교까지 걸었다. '이제, 이 다리만 건너면 드디어 강동구다.' 가깝다는 착각만큼 힘이 나는 건 없다. 나는 마포대교부터 14개의 한강 다리를 품고 강동구로 간다.

아무것도 아닌 곳,

나에게는 꿈같은 곳

천호대교를 건너 천호동으로 넘어왔다. 낡은 집들이 먼저 반긴다. 천호동에 언제 왔을까? 누군가의 부친상으로 강동성모병원에 온 적이 있고, 그러고는 기억에 없다. 고덕동 옆 천호동은 낯설다. 하긴 그 어린 시절에는 천호동까지 넘어올 일이 절대 없었을 테니 말이다.

예까지 오면서 한 끼를 못 먹었다. 아침도 굶었는데, 오후 2시가 넘어간다. 뭐든 먹어서 체력을 유지해야 한다. 천호역을 지나 바로 옆 성내동으로 잠시 건너갔다.

골목마다 곱창과 주꾸미를 파는 집이 많았다. 혼자서 먹을 집을 찾다가 쌀국수의 고수처럼 보이는 '강호쌀국수' 식당으로 들어갔다. 여주인 혼자서 아담하게 운영하는데, '강호'와는 거리가 멀었다. 간판을 자세히 보니 '강동쌀국수'였다. 강동구에서 파는 '강동쌀국수'를 난 왜 '강호'로 읽었을까?

피식 웃고는 "잘 먹었습니다" 곱게 인사를 하고 나왔다.

강동역을 지나, 길동사거리를 건넌다. 고덕에 점점 가까워지니 옛 생각이 물밀 듯이 들어왔다. 지도에도 없는 멋진 카페를 지났다. 카페 앞에 놓여 있는 여러 조각상이 내게는 장난감으로 보였다. 나는 이미 1984년 초등학교 4학년으로 돌아가고 있었다.


### 꿈꿀 수 있게 해줘서 고마웠다

드디어 40년 만에 고덕동에 왔다. 고덕동에 한영고등학교가 있는 줄 몰랐다. 강동고등학교도 있다. 몰랐다. 아니, 고등학교뿐만 아니라 지금 걸어가는 모든 길은 내가 걷던 흙길이 아니다. 아파트는 이제 모두 엘리베이터를 소유하고 있다. 5층짜리 아파트는 어딜 봐도 없다. 그렇겠지. 차라리 눈을 감고 머릿속 기억을 끄집어내 길을 걷는다. 경계가 없는 산속이 정겹다. 그래! 이 산이었지. 친구들과 뛰어다니며 수정 돌을 캐던 곳이다. 모든 공기가 그리움을 넘어 1984년 그때로 내 발걸음을 끌어당긴다. 이제 가야 할 곳은 그립고 그리운 '서울고일초등학교'다.

그런데 완전 새 학교가 되었다. 내가 엄청나게 행복했던 학교다. 1984년 그때도 신축 건물이었는데, 2024년 지금 학교

여러 조각상들이 내게는 장난감이 되어
1984년으로 인도한다

운동장 한 쪽의 놀이터. 이 자리는 예나 지금이나 변함이 없다.
1984년 가을 운동회 때,
이곳에서 부모님과 김밥을 먹은 기억이 있다

도 너무나 밝다. 학교 안으로 들어가 교정을 걸었다. 두리번거리며 아주 희미한 기억을 모아서 한 움큼을 만든다. 그리고 지금 내가 바라보는 모든 곳에 조각을 맞춘다. 운동장, 놀이터, 철봉. '그래! 모습은 달라졌어도 그 위치에 그대로 있구나.' 나를 기다려준 듯했다. 그것들을 어루만진다.

서울고일초등학교는 1984년 5월에 개교했다고 나와 있는데, 실제 나는 1984년 3월 새학기부터 다녔었다. 당시 건물 완공이 마무리되지 않았던 걸로 기억한다.

그런 생각을 늘 해온 것 같다. '내가 만일 그때, 이사를 가지 않고 여기 고덕동에 계속 살았다면, 공부도 더 잘하고, 더 행복한 성인으로 자랐을까?' 택도 없을 테지만, 얼마든지 그런 꿈을 꿀 수는 있으니까. 그래서 이미 과거가 되어버린 그때 그 고덕의 1년 반을, 내 생애 최고로 행복했던 날들로 떠올리나 보다. 그래서 좋다. 그렇게 꿈꿀 수 있어서 참 좋다.

마지막으로 내가 살았던 고덕주공3단지아파트를 방문했다. 우리 집이던 302동, 친구들과 함께 뛰어놀던 놀이터, 뒷산의 언덕배기는 다 사라졌지만 그곳엔 1984년의 어린 내가, 그대로 서서 나를 기다리고 있었다.

한참을 서로 조우하고, 마주 보고 인사를 했다. 나보고 다 컸다고 말하는 녀석에게, 너는 여전히 그대로구나, 껄껄거리고는 다시 마포로 돌아간다.

오늘, 1984년 하루가 참 행복했다.

# IRWONDONG
# SEOUL

서울 일원동

수서동 > 일원동 > 개포동 > 도곡동 > 대치동 >
삼성동 > 논현동으로 이어지는

## 17.88km

눈을 초롱대던
그 꼬맹이 시절이 담긴

전주 이씨 광평대군파 묘역.

내가 유년 시절을 보냈던 곳

동구 밖으로 논밭이 펼쳐져 있고 방앗간에는 새벽부터 쌀 딩기를 태우는 냄새가 지천으로 흐른다. 겨울이면 썰매를 끌고, 잔칫날에는 닭 모가지를 직접 비틀어 잡던 곳. 나는 1980년대 서울 강남의 깡촌을 걷는다.

"일원동"

### 내 고향, 대청마을

오늘의 목적지는 일원동이다. 유년 시절의 대부분과 성인이 된 후 독립할 때까지, 근 18년을 살았던 나의 고향. 옛날에는 일원동이라는 이름보다 '대청(大淸)마을'로 많이 불렸다. 지금도 대청마을은 곳곳에 명맥을 이어오고 있는데, 지하철 3호선 '대청역'도 그중 하나다.

1983년까지 대청마을은 대부분 논농사를 지으며 살았던 서울 강남의 깡촌에 불과했다. 딱히 대중교통이 없어서 버스를 타려면 대치동 은마아파트까지 걸어가야 했다. 천호동이나 마장동으로 가는 버스는 일원동 중산고등학교 자리에 가야 탈 수 있었다. 봄이면 광수산 끝자락(지금의 서울삼성병원 일대)에 진달래가 흐드러지게 피었었다. 그 산속의 방공호를 돌며 놀다가 땅벌에 얼굴이 진탕 물려 된장을 바르기도 했다. 참외는 물론, 그게 뭐 맛있다고 '가지'까지 서리하면서 놀던 곳이다.

1년간 내가 걸었던 서울 시내 동네가 200여 곳은 넘지 않을까 싶다. 일단 25개 자치구는 전부 돌았고, 총 424개의 행정동을 다 세어보진 않았지만 그 절반 정도는 가본 듯하다. 일원동을 목적지로 걷지만 오늘도 결국 수서동, 개포동, 도곡동, 대치동까지 두루두루 거쳐서 이동할 생각이다. 우선, 지하철 3호선을 타고 수서역으로 갔다. 그곳엔 초등학교 3학년까지 다녔던 서울왕북초등학교가 있다. 역시 40년 만의 방문이다.


수서동, 보자기 귀신은 아직도 있을까?


수서역 입구로 나오자 6월 햇살에 눈이 자동으로 찡그려졌다. 예전에 이 동네는 조용했는데, 오늘도 그렇다. 사람보다 산새들이 먼저 마중 나와 있다.

수서역 1번 출구로 나오면 왼편으로 자곡동과 세곡동, 그리고 앞으로 대모산이 펼쳐져 있다. 현재 '광평로'라고 불리는 6차선 도로는, 내가 어렸을 때 겨우 버스 한두 대가 지나갈 정도로 작은 농로(農路)였다. 우리는 방과 후 고학년 선배들을 따라 일렬로 서서 집에 돌아가곤 했는데, 길가의 코스모스 꽃잎에 꿀벌이 살랑거리면 실내화 두 개를 겹쳐 잡던 일이 생각난다. 꼬리에서 자그마한 독침을 뽑아내기만 하면, 그렇게 재미있는 장난감도 없었다.

내 기억에 왕북초등학교 옆으로는 커다란 창고 건물이 있었고, 어떤 커다란 대문 틈으로 들여다보면 그 안에 보자기가 문지방 아래로 삐져나온 집 한 채가 있었다. 밤 12시만 되면 그 보자기가 온 동네를 휘저으며 날아다닌다고 해서 엄청 무서웠던 기억이 있다. 나도 친구들과 한두 차례 그 보자기를 본 적이 있다. 하지만 밤중에 날아다니는 걸 본 적은 없다. 오늘은 그 보자기 귀신을 볼 수 있을까?

수서역에서 나와 광평로 뒷길을 따라 걸었다. 왕북초등학교 가는 길에 먼저 도착한 곳은 '전주 이씨 광평대군파 묘역'이었다. 주변으로 돌담이 길게 늘어섰고, 빨간 대문은 굳게 닫혀 있었다.

> "아무래도,
> 보자기 귀신은 여기 있을 것 같은데?"

굳게 닫힌 빨간 대문 틈으로 안을 들여다보았다. 전혀 보이지가 않았다. 집중해서 눈을 부라려봐도 보자기는 찾을 수

정말 창고업을 하는 건지 궁금하다.
강남창고는 옛날에는 정부에서 운영하는 쌀 창고였다.

없었다. 주변 CCTV가 어슬렁대는 나를 따라다녔다. 눈치가 보여 더 이상 살펴보기 불편해졌다. 오늘은 보자기 색깔이라도 확인하고 가려 했건만, 그 기억이 진짜였는지 헷갈린다. '귀신은 아니더라도, 실제 보자기를 걸쳐놓은 뭐라도 있었겠지' 싶었다. 이제는 보자기 귀신과 담소도 나눌 수 있는 나이가 되었는데, 찾을 수 없으니 어느새 나는 동심의 눈을 잃은 어른이 되었나 보다.

묘역에서 멀지 않은 곳에 '강남창고'가 보였다. 지은 지 50년도 훨씬 지났을 텐데, 그 창고는 여전히 오랫동안 그 자리를 지키고 있었다. 창고 바로 뒤편으로 왕북초등학교가 얼굴을 빼죽 내밀고 있다. 1층짜리 단층 건물은 사라지고, 복층에 여러 건물로 둘러싸인 학교를 보니 감회가 새로웠다. 하지만 너무도 달라진 모습에 옛 기억을 짜맞추기는 어려웠다. 당시에는 1학년부터 6학년까지 반이 하나뿐이라 같은 친구가 6년을 함께 다녔는데, 이제는 기억에만 존재하는 학교가 되어버렸다.

### 일원동, 하늘 아래 대청마루

일원동 대청마을에 도착했다. 25년 전, 본가에서 독립한 이후 거의 첫 방문이다. 지금은 부모님도 시골로 내려가셨고,

따로 인사드릴 마땅한 곳이 없다. 강남 깡촌이 신규 주택단지가 된 지도 벌써 40년이 지났고, 이제는 이 근방에서 가장 오래된 자연 마을이 되었다. 집과 집 사이는 담장 하나로 서로에게 기대어 있다. 주택 앞 길가는 주차 공간이 넓지 않다 보니 대문을 헐어 마당 안으로 차를 들여놓기도 했다. 그리고 주택 안과 밖의 경계에 꽃을 심어 자연과 어우러진 집이 많았다.

어렸을 때 살던 집으로 가봤다. 집은 그대로인데, 그 주변이 꽤 복잡해져 있었다. 카페도 생기고. 눈을 감고 기억을 더듬어 숨으로 내쉬어본다. 집의 담장벽을 쓰다듬듯이 손을 자라라라락 대면서 걸었다. 벽돌의 울퉁불퉁한 느낌이 옛날과 똑같다. 그 손가락 사이로 어린 시절 웃음소리가 간질거리며 새어나왔다. 나는 여기서 10원짜리 빈병을 팔기도 했고, 리어카를 끌어 동네 꼬맹이들을 태워주곤 했다. 서로 경찰과 도둑이 되어 온 동네방네 뛰어놀던 시절. 한나절을 담벼락 구석에 숨어 도둑이 되었던 시간. 한참을 찾지 못하는 동생들을 향해 멍멍 개소리를 짖어 내 위치를 노출시켜도, 나를 한참을 못 찾을 때에는 그 희열감이 하늘을 찌르기도 했었다. 그 담과 집 사이로, 이미 흩어져 사라진 추억을 향해 나는 사진을 찍어 가슴에 담았다.

남아 있는 친구들이 있을까? 옛 친구들을 우연히 마주칠 수 있을까? 기억을 살려 친구들이 살았던 집을 찾아갔다.

하지만 어떤 집은 이미 리모델링을 해서 다세대 건물이 되었고, 또 어떤 건물은 너무 낡아 아직도 저기 살까 싶어 포기했다.

생일날이나 칭찬받을 일이 있을 때 부모님이 늘 맛있는 우동을 사주시던 '찡구짱구' 분식점은 사라지고, 그 자리에 '명동사진관'이 들어와 있다.

'우진탕'이라는 이름의 목욕탕이 있던 자리를 지나간다. 동네에 목욕탕이 사라진 지 오래되었지만, 나는 우진탕이 있던 자리를 한참 동안 바라보았다. 친구들과 함께 돈을 모아 목욕탕에 가서는 뜨거운 김 사이로 눈을 초롱대던 그 꼬맹이 시절이 너무나도 그립다.

세월만큼 동네 골목도 그 낡음이 대답을 대신해주고 있었다. 발을 뗄 때마다 '나는 여기에 다시 언제 오게 될까?' 하며, 마치 되돌아올 수 없는 걸음처럼 발자국 도장을 찍었다. 이제 개포동으로 가야 할 때다.

### 개포동, 개도 포동포동 살찌는 동네

개포동의 주공 아파트들은 거의 대부분 재건축을 완료해 엄청난 부촌이 되었다. 가는 길 내내 입이 떡억 벌어진다. 재건축 전 개포주공1단지부터 4단지까지는 저층 아파트, 5

내가 다녔던 감리교 개포교회.
당시에는 왜 개포교회가 일원동에 있을까 싶었다.

내가 아마도 86회인가 싶다. 1학년은 1cm,
2학년은 2cm 이상 머리를 기를 수 없었는데, 지금은 어떤지 모르겠다.

단지부터 7단지는 고층아파트, 8단지와 9단지는 공무원 아파트라고 했었다. 이제는 저층이고 고층이고가 따로 없다. 오히려 고층에 속했던 7단지는 재건축을 앞둬 가장 낡은 모습이다.

일원동에 살았으면서도 근처 개포동엔 뚜렷한 추억이 많지 않다. 오락실 때문에 개포주공4단지까지 와서 놀던 기억은 있지만 그것도 잠시, 일원동에도 오락실이 우후죽순 생기면서부터는 갈 일이 없었다. 개포동 가는 길 근처에 사는 직장 상사께 연락을 드려 커피 한잔을 얻어 마셨다.

### 도곡동, 대치동, 삼성동을 지나 집으로

개포1단지부터 9단지까지 다 들러본 후에, 개포고등학교와 양재천을 건너 타워팰리스 그리고 대치동 은마아파트로 빠졌다. 온 김에 은마아파트 단지도 한 바퀴 돌았다. 역시 낡음의 역사와 재건축의 기대를 한 몸에 받고 있는 듯한 인상이다.

아직도 기억에 남는 것이, 우리나라 거의 최초의 세븐일레븐 편의점이 있던 자리가 은마아파트 건너편의 미도아파트 상가였다. 1990년도인가, 미도아파트에 사는 친구를 따라 세븐일레븐에서 슬러시라는 걸 처음 사 먹고 감탄했던 추억이 있다. 지난 추억을 돌이켜볼 수 있는 동네를 언제 다시 오겠냐 싶어, 풍경을 눈에 꾹꾹 눌러 담으며 계속 걸었다. 은마아파트를 나와 삼성로를 따라 선릉까지 걸었다. 이제 시간은 오후 4시가 훌쩍 넘어간다. 선릉에서 논현동까지 가는 길에 잠시 더위를 식힐 겸 아이스크림 가게에 들렀다. 땀냄새가 슬그머니 올라오는 것에 나 스스로가 불편해졌다. 더위만 뺄 목적으로 아이스크림을 먹는 둥 마는 둥하고 금세 가게를 나왔다.

강남에도 삐걱거리는 보도블록이 한둘이 아니다. 시큰해진 발목도 쉬게 해야 하고 내일 출근도 해야 하는데, 얼른 집으로 돌아가야겠다. 집으로 가는 버스가 언제 올까 한참을 기다린다.

공무원 아파트 8단지와 9단지가 있던 자리. 공무원연금매장도 있었는데…
어디로 갔을까.

epilogue

그래서, 무엇이 바뀌었어?

걸으면서 가장 많이 본 것은 풍경 다음으로 사람들이다. 내 앞사람의 뒷모습, 그리고 내게 다가오는 사람의 앞모습. 특히 걷는 동안, 나는 앞사람의 뒷모습을 정말 많이 본 것 같다. 얼굴을 마주하며 상대를 골똘히 관찰하기란 쉽지가 않지만, 사람들의 뒷모습을 보며 걷는 자세나 몸의 형태를 통해 그의 삶을 찬찬히 들여다보는 버릇이 생겼다. 다리 모양새도 다르고, 구부정한 사람, 덜 구부정한 사람, 빨리 걷는 사람, 천천히 땅을 보고 걷는 사람 등 각자 살아온 인생만큼 수많은 몸들이 나름 삶의 자취를 저장한 채 지구 위에서 버텨주고 있었다.

정말 열심히 걷는 사람의 뒷모습을 보면, 자연스럽게 그의 삶을 존중하게 되었다. 밤중에 걷다 보면 남들 다 자는 시간에도 운동하는 사람, 새벽에 걷다 보면 그 이른 아침에 나와서 일터로 가는 사람을 통해 많은 각성을 했다.

우리는 살아가는 동안 보도블록이나 땅의 꺼짐, 땅의 갈라짐을 얼마나 보면서 살까? 동네마다 보도블록의 생채기가 다르다. 도로의 짓무름을 통해 그 동네 사람들의 삶을 간접적으로 체득했다. 나는 걷는 동안 동네 골목을 유심히 보는 버릇이 생겼다. 어떤 동네는 정방형으로 차가 다닐 수 있을 만큼 골목이 넓은 반면, 또 어떤 동네는 사람 한두 명이 서로 겹치면서 지날 만큼 좁았다.

그 길을 걸으면서 나는 자연스럽게 이야기꾼이 되었다. 누군가는 겨울마다 지게에 연탄을 짊어진 채 이 길을 힘겹게 걸었을 것이다. 여기저기 동네 꼬맹이들의 구슬 치는 모습도 상상되었다.

걷는다는 것은 단순히 '이동' 이상의 의미가 있었다. 보다 자세를 바르게 하려 노력했고, 인생의 꼬인 생각을 자주 정리하는 계기가 되었다. 글을 쓰게 되었고, 걷기를 소통의 주제로 사람들과 더 많은 교류를 하게 되었다. 길로 이어진 이곳저곳을 내 동네처럼 구석구석 돌아다니면서 이것을 집필

하는 느낌이었나.

그리고 그것을 정리해 더욱 확장하는 일에도 관심을 가지게 되었다. 예를 들어, 이렇게 걸어보고 저렇게 걸어봐서 알려지지 않은 코스를 엮어 지인들에게 추천하기도 했다. 어디에도 없는 워킹 코스를 만들어 동료들을 이끌고 가이드를 해봤다. 반응이 매우 좋았다.

1년간의 걷기를 끝내고 나니 몇몇 분이 축하를 해주셨다. 그리고 질문이 이어졌다

"처음 시작할 때, 1년간 미친 듯이 걸으면 어떤 변화가 있을까 궁금해했잖아. 그래서 뭐가 바뀌었어?"

사실 나는 한동안 대답을 하질 못했다. 나 또한 그 질문의 답이 무척 궁금했다. 막상 1년이 지났는데, 무엇이 바뀌었는지 잘 모르겠다.

살이 특별히 많이 빠진 것도 아니고, 건강해졌나 생각하면 그것도 아니었다. 마침 걷기가 끝나는 그달에 건강검진을 했는데, 결과는 참담했다. 이건 뭐지 싶었다. 답을 찾아서 멋지게 엔딩을 맺고 싶었는데, 정말 무엇이 바뀌었는지 한동안 알 수 없어 답답했다.

시간이 지나면서 잔잔하게 불어오는 바람처럼, 눈을 감고 지난 1년을 생각하면 나는 너무나 행복했다. 걷는 것 자체가 좋았고, 걷고 나서 다음에 또 걸을 생각을 하니 좋았다. 그리고 그 이야기를 풀어내는 시간도 행복했다. 좋았던 기

억을 끄집어내 연재를 하는 과정이 기다려졌다.

지금까지도 그 거리, 그 골목, 그 날씨와 풍경들이 정말 잊히지 않는다. 내 발로 걷고, 내 땀으로 적셨던 그 동네와 그 길은 아직도 잘 있을까?

워킹 에세이

# 나는 걷고 생각하고 씁니다

| | |
|---|---|
| 초판 1쇄 인쇄 | 2025년 9월 10일 |
| 초판 1쇄 발행 | 2025년 9월 21일 |

| | |
|---|---|
| 지은이 | 정선원 |
| 펴낸이 | 황윤정 |
| 펴낸곳 | 이은북 |
| 출판등록 | 2015년 12월 14일 제2015-000363호 |
| 주소 | 서울 마포구 동교로12안길 16, 삼성빌딩B 4층 |
| 전화 | 02-338-1201 |
| 팩스 | 02-338-1401 |
| 이메일 | book@eeuncontents.com |
| 홈페이지 | www.eeuncontents.com |
| 인스타그램 | @eeunbook |

| | |
|---|---|
| 책임편집 | 하준현 |
| 교정 | 김한주 |
| 디자인 | 이미경 |
| 제작영업 | 황세정 |
| 마케팅 | 이은콘텐츠 |
| 인쇄 | 스크린그래픽 |

ⓒ정선원, 2025

ISBN 979-11-91053-52-4 (03810)

- 이은북은 이은콘텐츠주식회사의 출판브랜드입니다.
- 이 책에 실린 글과 이미지의 무단전재 및 복제를 금합니다.
- 이 책 내용의 전부 또는 일부를 재사용하려면 반드시 출판사의 동의를 받아야 합니다.
- 책 값은 뒤표지에 있습니다.
- 잘못된 책은 구입하신 서점에서 바꾸어 드립니다.